“全球视野下的当代媒介理论”系列丛书
Contemporary Media Theory from Mondial Perspectives Series

主编：李麟学 王 鑫 丁 凡
Chief Editors: Linxue Li, Xin Wang, Fan Ding

Travelling in a Space-Time Machine

在时空机器中旅行

面向未来的媒介考古
Essays on Media Archeology towards the Future

[德] 西格弗里德·齐林斯基 著
Siegfried Zielinski

丁 凡 李麟学 钱玲燕 编译
Edited and Translated by Fan Ding, Linxue Li and Lingyan Qian

同济大学出版社·上海
TONGJI UNIVERSITY PRESS · SHANGHAI

丛书总序

万物皆媒时代的媒介思维风暴

当今，我们处在一个“万物皆媒”的时代。从麦克卢汉提出“媒介即信息”（The Medium is the Message.——M. McLuhan,1964），到今天以 ChatGPT 代表的人工智能时代的历史性节点，我们从未像今天一样意识到媒介对当代人类社会介入的广度和深度。

“全球视野下的当代媒介理论”系列丛书源自与西格弗里德·齐林斯基教授持续多年的讨论与互动。2019 年夏天在锦江宾馆，我与齐林斯基教授坐在历史小楼的咖啡角，初见即如故，畅谈着教授策划的“西岸艺术教育展”，以及尘封许久的对于欧洲知识体系的思考。之后齐林斯基欣然以兼职教授身份加入同济大学艺术与传媒学院的团队，精心准备了硕士与博士生的课程，并在此后多次参加了学院组织的“城市传播论坛”“中国新闻史学会新闻传播思想史年会”与“应用新闻传播论坛”等学术活动，其精辟的发言引起中国新闻传播学与跨学科学者的强烈共鸣。教授将其未出版和未公开的部分著作，赠与学院研究出版，促进了这一丛书的诞生。在与齐林斯基教授的讨论中，这一出版计划扩展到更多著名国际学者和跨学科实践者的理论译著，这套丛书方得以成形，并将逐步展现出其对于国内学界的意义。

作为近年来人文学术界热议的“物质性转向”当中极为重要的一个支流，媒介考古学派的译介和研究在国内都尚属起步阶段，未来还大有可为。齐林斯基是德国媒介考古学派代表人物，也是第一位明确提出“媒介考古学”的学者。尽管在他之前，媒介考古学已作为一种研究方法应用于电影研究中，以及在以弗里德里希·基特勒（Friedrich Kittler）为代表的媒介物质性研究中，但其真正作为一个纲领性和旗帜性的理论概念被提出，并由此凝聚一大批有相同旨趣与问题意识的学者来共同探讨，则要归功于齐林斯基。齐林斯基早期的学术生涯深受当时德国学术界转型期的影响。1961 年，柏林工业大学成立了“技术时代的语言”

研究所，开启了“物质性”思潮转向的大背景，这为齐林斯基思想的发展提供了条件并奠定了基础。齐林斯基于 20 世纪 70 年代先后在柏林自由大学与柏林技术大学学习德国文学、戏剧与哲学等科目，为他日后的研究奠定了良好的跨学科基础。同时期成长起来的学者还有弗里德里希 · 基特勒与威廉 · 弗卢塞尔（Vilém Flusser）等人。齐林斯基甚至将他自己与基特勒和弗卢塞尔三人共同归类为“第四代媒介思想家”（即高峰期活跃于 20 世纪 80 年代的思想家）。[1] 但是同时，齐林斯基本人倾向于否认存在“德国媒介学派”这样一个同质性的统一整体，他说：“德语媒体与传播研究，我认为这主要是一个神话，它是通过美国的一些作家，即普林斯顿大学和杜克大学的教授而被建立起来的。”从齐林斯基给出的百年以来的媒介思想谱系图来看，他更倾向于从全球性的媒介思想发展脉络出发，构建更加宏观的、普泛的理论演变谱系，而非局限在某一个国家或地域，甚至在晚年将他的研究视野投到了“全球南方”（Global South）那些传统被认为是“边缘”的处所，力图建立起一个彻底去中心化的、多极化的图谱。这完全符合“媒介考古学派”的反线性的历史观，也充分体现出了齐林斯基教授的全球性视野。这也是为何他持续不懈地与中国的读者和听众保持对话的缘由。[2]

齐林斯基在 1989 年出版了对他的学术生涯而言最为重要的一部里程碑式著作《视听：作为历史入口的电影和电视》（*Audiovisions: Cinema and Television as Entr'actes in History*），在这部著作中他的反线性媒介谱系学已经初露端倪。在书中，他并不是把媒介视为一个可见的、确定的

1. 参见齐林斯基 2021 年 10 月在同济大学举办的中国新闻史学会新闻传播思想史研究委员会学术年会。同被归入第四代媒介思想家的还有杜盖（Duguet），贝斯特（Bexte），基特勒（Kittler），德 · 劳拉提斯（de Lauretis），欧洲的弗卢塞尔（the European Flusser），罗策（Rötzer），坎佩尔（Kamper），罗内尔（Ronell），鲍德里亚（Baudrillard），亚瑟 · 克罗克和玛丽 - 路易丝 · 克罗克（Arthur and Marie-Luise Kroker），佩特纳克（Péternak），利奥塔（Lyotard），列维（Lévy），雷克（Reck），特鲁施 - 迪特尔（Treusch-Dieter），托伦（Tholen），韦策尔（Wetzel），温克勒（Winkler），维里利奥（Virilio），冯布劳恩（von Braun），佩奇（Paech），齐林斯基（Zielinski）。
2. 在本丛书的翻译中，对于“media”一词，我们也根据不同的中文语境将其译为“媒体”或“媒介”。媒体偏重于实体化的存在，而媒介则更强调功能性的介质。

和被固化的物质性实体，而将其视为一个多种力量相互协商、探索和实验性的空间场域，在这一空间中，并不存在一个预先设定的目标，或者终点需要奔赴。换言之，它是无定型的、充满各种差异性的力量，以及由这些力量所交织出来的种种独异性的事件。“将艺术、科学和技术带入一种关系当中，彼此并列和相互融合，一次次挑战自以为是的专家的僵化封装，并对抗趋向平庸和统一的趋势。艺术，通过媒介，在这里被视为异源过程和事件的一种可能性。”一言以蔽之，媒介即事件。它是独一无二的、无法被还原的涌现。

齐林斯基另一本标志性著作是出版于 2002 年的《媒介考古学》（*Archäologie Der Medien*），在这本书中他提出了重要的深层时间（deep time）这一概念，并将自己的媒介考古学方法论总结为探询深层时间的方法。深层时间对于齐林斯基而言是一个有效的隐喻，一方面，它可以帮助我们抵制一种进步主义的线性媒介叙事，媒介并非是从低到高，从简单到复杂，像进化论一般地向前发展，而是并没有预先设定的目标与蓝图，呈现一种“多重时间性”的发展状态，无数的线索纷繁交织，构成德勒兹所说的游牧和根茎状态，形成根茎式的生成状态。另一方面，深层时间也暗示我们可以用来重构媒介演化图谱的一种实操性的方法论，正是因为媒介历史实际上是像花岗岩的形成那样由各个不同时间性所沉积和叠加而成的，因此，我们需要穿透这些沉积的媒介表层，去深入到底下深藏的暗处，从水面浮动的冰山一角开始去探索媒介历史潜藏水面之下的巨大部分。

2005 年，齐林斯基出版了《变体学（第一卷）：关于艺术、科学与技术的深层时间关系》（*Variantology 1: On Deep Time Relations of Arts, Sciences and Technologies*），此后六年时间，《变体学》第一卷至第五卷陆续发表，这是他媒介思想的集大成之作。《变体学》的出版标志着齐林斯基晚期的媒介考古学研究的一大重要转向：他突破了过往研究中的欧洲中心主义，而将全球各国家各地区的多元差异的文明谱系共同纳入他的媒介版图当中，在全球文明发展史的视野下去考察媒介谱系之间的对话、交织与共生，展现出了人类文明共同体的宽阔视野与格局。齐林斯基教授介绍了“变体学”的四个原则：一、它不应该是欧洲中心论的，而应该是全球化的；二、它不应该是一概而论的，而应该是多方面的、各式各样的；三、它不应该是人类中心论的，而应该是宇宙观的；四、它不应该是单向度的，而应该是多向度的、动态的。

从以上三部代表着齐林斯基三次重要学术节点的著作，我们得以一窥齐林斯基的主要学术脉络。国内外至今为止出版的媒介理论史著作大多跨越时段较长，或以编年史为体例，或以学派为线索，内容较为分散，问题意识不够聚焦。而齐林斯基的著作一方面更加聚焦过往几十年的媒介理论史，因此涉及的内容更为集约，另一方面又提炼出了这段历史中最为核心的四大议题，更提纲挈领，也更有齐林斯基独到的理论创见。因此，本丛书先以齐林斯基的译著起步，旨在以更为深入的方式展现当代媒介理论的思考与演变。

翻译是一项艰苦的工作，在未产生太高“科研绩效”的情况下，我要特别感谢丛书共同主编王鑫教授、丁凡助理教授，以及本丛书的校译者王颖吉教授、李凌燕副教授、张昱辰副教授、张艳助理教授，还有钱玲燕副教授带领的德文翻译团队。同济大学出版社国际部的袁佳麟主任，为丛书出版做出了巨大的努力；感谢出版社卢元姗、熊磊丽等编辑的精益求精和辛勤付出。感谢在德国访问的学者林华在齐林斯基教授与同济之间搭建了一座密切交流的桥梁。最后要特别感谢同济大学艺术与传媒学院团队对丛书项目的大力支持。

在首批三本译著出版之际，让我们期待后续更多作品的出版，并在未来孕育出更多的中国学者关于媒介理论的原创性作品、著作与思想；期待在全球视野的媒介思维风暴的洗礼中，我们共同构建起链接艺术、科学、技术与媒介理论的知识与思想之桥。

同济大学长聘教授，艺术与传媒学院院长，建筑与城市规划学院博士生导师

中文版序*

未来，一个看似简单却难以理解的时间维度。根据法国哲学家勒维纳斯（Emmanuel Lévinas）的传统看法，它是我们绝对无法进入的他者（Anderen）的体现。或者，正如摇滚乐队黑色安息日（Black Sabbath）的主唱在歌曲《Supernaut》（1972 年）中所唱的："我曾窥见未来，又把它抛之脑后"（I've seen the future and left it behind）。此外，人类的存在相对于其母星地球的寿命来说是极其短暂的，但我们却像对待垃圾堆一样轻蔑地对待地球。在宇宙庞大的时空演变中，人类文明堪比我们磨指甲时留下的一点灰尘。然而，拥有大脑的渺小人类一定能够做到的是，发起一场映射（projizierende），将我们的想象力带入与空间和时间的游戏中。它不只是现有物质的延伸，也不只是把现有的现实延伸到未来。新的想象力，它是在面对机器和程序时与之互动，并在这过程中发展的，威廉 · 弗卢塞尔称之为"技术想象力"（Techno-Imagination）[1]。通过技术性思考，将物质呈现到自己眼前，创造出我们所熟悉的另一个世界。哲学作家弗卢塞尔来自布拉格，那是一个以炼金术士和格莱姆著称的城市。格莱姆是犹太神秘主义传统中的一种古老的人造生物，由字母组合泥塑而成，不能说话，但可以执行简单的命令，从而遵循一个程序。

---

* 本序翻译：钱玲燕、杨雅茹，审校：丁凡。

1. 在我和彼得 · 魏贝尔（Peter Weibel）以及丹尼尔 · 伊尔刚（Daniel Irrgang）编著的《Flusseriana —— 一个智力工具箱》一书中，我们对此进行了探讨。参见：Vilém Flusser, Siegfried Zielinski, Peter Weibel, Daniel Irrgang. *Flusseriana - An Intellectual Toolbox*, Karlsruhe: Univocal-Minnesota University Press, 2015: 389-393.

让我们看一下近现代媒体发展史中的一个例子——公共电影院。一个世纪以来，计时图像运行的经典机制不断解体，该过程已经发生并仍在艺术和媒体的日常生活中制造新的现象。运动和时间的图像与它们的故事一起从电影院特有的暗黑色立方体中迁移出来，在那里，观众的身体随意地躺在多少有些舒适的扶手椅上，梦想着另一个世界。现在，这些图像要么充斥在深圳、上海、新加坡、香港和纽约的摩天大楼外墙上的巨型显示屏上，要么在带有屏幕、麦克风和扬声器的微型移动设备里。当然，它们也填满了画廊和博物馆的白色空间。电影，以其最为多样的形式，既是城市环境的组成部分，又能成为艺术。

相反，艺术市场上收入和注意力的限制对一些艺术家来说是不够的，他们正在采取大的战略步骤，跨越技术图像的领土，为幻想世界而战，走向商业电影制作和发行的奥林匹斯。好莱坞的大制片厂已经没有令人信服的构思和作者了，尤其是考虑到一部电影的制作经费，甚至可以覆盖非洲国家的教育和社会预算。对于网飞或亚马逊来说，一部商业电影耗费几亿美元的生产成本几乎不值一提，尤其是他们可以使用自己的远程网络，将产品发送给他们的梦工厂，从而赚取数十亿美元。幻想机器（Phantasiemaschinen）[2]贪恋物质，刺激人们的情绪平衡。例如，英国艺术家史蒂夫·麦奎因（Steve McQueen），在经历了巴黎、伦敦、柏林的画廊和纽约 MoMA 现代艺术博物馆等艺术展览活动，以及参与了卡塞尔文献展或威尼斯双年展的英国馆等重大活动后名声大噪，于是他来到了洛杉矶郊区，在这里，梵蒂冈的说教和皈依策略通过移动技术图像和完美的环绕声得到了最大实现。在媒体考古学研究中，我认为好莱坞同拉斯维加斯一样，是对欧洲巴洛克时代的延续与发展，它有着豪华的

2. 这是 1932 年勒内·弗洛普-米勒（René Fülöp-Miller）的一本书的标题，在这本书中，精神分析和文化商品（如故事片）的美学首次被联系在一起研究。

制作和丰富的媒体设备文化。[3] 而天主教会则代表了这一时期西欧和南欧最重要的霸权力量。

在我们的想象中，未来的电影将是一个高度发展的时空机器，其意义甚至比我们曾经经历的 20 世纪和 21 世纪初的所有媒介更为剧烈和全面。这将不仅仅是一台机器，它还能以幻觉的形式在时空中使我们逃离我们认知的世界，就像逃离一个迅速翻卷而来的波浪。但实际上，这应该是一套设备，它不仅可以让我们施展想象力，而且还可以使我们的身体在时空中旅行。这样，我们的躯体将不再是今天所熟悉的骨、肉和血的组合。无论是曾经还是现在，在时间旅行的高速环境下我们迟钝的身体对于这场冒险既不够稳定也不够结实。身体的分子结构会在光速或超过光速的极快运动中内爆或飞散。在未来，我们将利用混合型躯体生活，看上去就像来自 20 世纪 60 年代的赛博格（Cyborg）[4] 那样古怪，它们由程序、仿真器、生物和技术部件组成，它们或多或少在和平共处和相互协作中发挥作用。这些躯体容易患上厌食症逐渐消瘦（就像今天的人体模型和宇航员的体型那样），而且他们的寿命将大大超过我们今天的想象。在对未来的想象中，电影院将不再是在黑暗房间中年轻夫妇和恋人之间的约会圣地；不再是十几岁的小怪物们狼吞虎咽地吃爆米花喝可口可乐的娱乐场所；也不再是主张存在主义的学生们，避开白天的亮光，一起享受与世界上不同的陌生人聚在一起的避世空间。恰恰相反，它将成为以富裕的老年人、领取退休金和养老金的人为主体而举办的活动场地。他们生活在卫生透明的环境中（这是他们高寿命的代价之一）；他们生活中的非再生性与再生性部分相互平衡，有时前者甚至超过了后者。老年人总是强烈渴望感官上

3. 例如，参见我的文章“为伊格内修斯 - 洛约拉建立媒体模型：关于阿塔纳斯 · 珂雪的虚实之间的器具世界的案例研究”。参见 Eric Kluitenberg. “Book of Imaginary Media, Excavating the Dream of the Ultimate Communication Medium” (Amsterdam, 2006).

4. 译者注：又称生化人或半机器人，是有机体与生物机电一体化的生物，又称人机融合。

可感知的已经过去的现在。少年的美将极为罕见，也将成为痛苦的记忆。数世纪以来，绘画和雕塑市场以此为基础不断发展，也获得了一定的特权。有钱的老爷子们会优先购买和收藏画着年轻美丽女子的画作或身材匀称的裸体青年的雕塑。未来是外部的记忆复现，抑或不是。

H. G. 威尔斯(H. G. Wells)在1895年出版了他的推理小说《时间机器》（*The Time Machine*），当时第一批胶片电影开始在世界各大都市的观众面前付费放映。十年后，爱因斯坦关于狭义相对论的论文以及关于“论动体的电动力学”的论文出现在理论市场上。19 世纪，数学家和物理学家已经开始感到不安，对牛顿式的时间概念产生不满，认为它是一种均匀流动的东西，与外部的任何东西没有任何因果关系，时间的概念逐渐得到更精确的表述。时间和空间的概念建立起联系，成为动态物理关系结构及网络中的一种质量。在物质意义上，时间变得有弹性；它就像一坨新鲜的黏土可以被拉伸和压缩。时间序列的确切延伸取决于时间过程的观察者是在其内部还是外部，是否在移动，以及它相对于其他观察者和被观察者的移动速度如何。甚至在第二次世界大战即将结束时，爱因斯坦关于所谓时间膨胀效应的假设也被实验证明了——一个物体相对于光速运动得越快，减速就越大。

世界上流传着很多关于著名的“费城计划”（Philadelphia Project）的传说。1942 年，该计划在美国海军的委托下开展，其目的是通过建立强有力的局部电磁场使整个船只不被敌人的雷达监测到，据说爱因斯坦和尼古拉·特斯拉（Nikola Tesla）都曾参与其中，之后又听闻一些船员被传送到了另一个时代。在阴谋论的理想媒介——互联网上，充满了类似的故事。

相比之下，迄今为止用完整的生物体进行实验只会产生几纳秒误差，只有特别灵敏的显示仪才能检测到如此微小的误差，而这种延迟也已经可以衡量出来。在物质的微观尺度上，通过单个基本粒子、原子或光子的极端加速，显著的时间差异已然记录在册。在物质的最小领域，超过光速不再是禁忌。它将极大地改变（人们的）显性意识以及对时间的感知。

同一个东西可以同时存在于这里和那里，同一件大事可以同时在不同的地方发生，这个想法不仅吸引了如电影制片人、万维网程序员等专业人士的注意，还吸引了高级天体和量子物理学家的目光。俄罗斯研究员瓦迪姆 · A. 切尔诺布罗夫（Vadim A. Chernobrov）早在 1996 年写就的一篇论文被粗翻成英文，时间研究所和特斯利纳协会（Institut für Zeitforschung und der Tesliana Society）前主任、贝尔格莱德（Belgrader）研究员维利米尔 · 阿布拉莫维奇（Velimir Abramovic）将它传送给我。[5] 在该篇论文中，物理学家报告了小型封闭体中物理时间的加速和减速实验。他将这些实验追溯到 N. A. 科兹列夫（N. A. Kozyrevs）的物理理论，他在因果和不对称力学领域的成绩非常突出。在实验中，各组电磁铁被串行和并行地耦合在一起，并被集成到由各种嵌套层组成的圆顶状微型架构中，类似于俄罗斯套娃，即在其身体内有许多跟自身相同的微型娃娃。切尔诺布罗夫将昆虫、小白鼠和其他小动物放在围栏内产生的各种电磁电压场中，观察和测量汇聚起的球形电磁波阵的效果。值得注意的是，他是从物理时间的极端减速和加速实验中得出结论的。穿越回过去具有高度稳定和方向性明确的特点。只有一种方法可以回到过去，并且基本上是对原始过程的完全颠倒。另一方面，物理时间的强烈加速造成了不稳定性，未来是多方面的分支，是多变的。换句话说，未来将成为一个潜在空间（potential space），正如英国精神分析学家和儿童精神病学家唐纳德 · 温尼科特（Donald Winnicott）所说的时间—空间，在时间—空间中，儿童在玩耍中获得未来的现实。

---

5. 视频和行为艺术家玛丽娜 · 阿布拉莫维奇的兄弟从 1988 年起在贝尔格莱德教授艺术哲学、美学和电影。我们在《变异学 I》（*Variantology I*）（科隆，2005）一书中发表了他的《时间本体论导论》（“Einführung in eine Ontologie der Zeit”）。

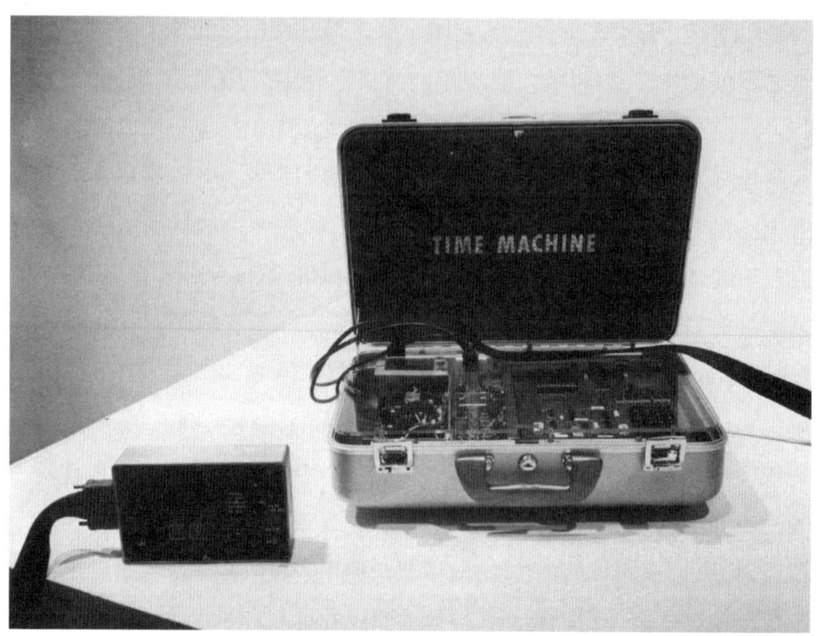

图 0-1　波兰艺术家皮奥特·科沃斯基（Piotr Kowalski）的“时间机器”手提箱（1980—1981）

如果我们没有理解这一点，就无法得知用图像和声音进行技术交流的深层时间意义：用可选择的方案来塑造我们身后和面前的时间，是所有发达媒介的内在核心，它们不仅涉及过程和运动，还与自然和人造生命有关。它们以多种形式，展现出人的幻想和愿望的基本组成部分，用角色、故事、戏剧性和技巧来激活这些装置，当然还有那些使用、欣赏和影响它们的人。“在你生命的 Betamax[6] 上没有倒退按钮。”视频艺术领域伟大的时代哲学家、韩国艺术家白南准（Nam June Paik）的这句忧郁的话，将被一种幻觉力量所反击，这力量基本上不再受任何按钮的控

6. 简称 Beta 制式录像带；磁带。

制。它将是一种技术扩展出的想象力；不是电影院的扩展，而是想象力的延伸，并将以此拓宽现实经验。

为了让媒介的行动获得丰富的未来，我们必须超越切尔诺布罗夫的认识，并给我们的研究对象赋予至少和未来一样丰富多样的过去。在方法上，我朝前迈进了一步：时间之箭朝前指向未来，在这一方向上有着令人着迷的多样性和异质性，这些多样性和异质性应在逻辑上与当下的杂多性联系起来，即使当下已逝去并被淹没。

媒体和艺术的考古学，正如我所热衷的那样，本质上是一个具有潜力的特别游戏。如同我不接受未来在技术上不可避免地被预先设计一样，我也不能认同历史学家或物理学家的态度，他们把历史或物质现实仅仅看作一系列既定事实的积累，可以线性地穿越。过去的存在也有盲点，会被质疑或存在不充分的解释，并且总是对新的发现保持开放。对我来说，在我研究的时空机器中工作和生活，意味着能够不断地旅行——到不同的文化，不同的历史星座，到我偏爱的被遗忘或取代的地区和时期。在这样一台舒适的时间机器里，我们可以继续专注于最重要的事情，那就是通过对过去存在的探索，不断向着梦想前进（图 0-1，图 0-2）。

我很高兴也很感激同济大学艺术与传媒学院将我在考古学和谱系学领域发表的文章翻译成中文并在同济大学出版社出版。按照我的理解，媒体思维自然也意味着理论化。也就是说，要意识到艺术、科学和技术在各自的知识状态下，一次又一次地在方方面面相互作用。因为有了这些相互依存的关系，各种媒体的概念都可以被大量地开创出来，并为人们所掌握。然而，对于我出身的传统而言，媒体思维无论如何都会在媒体行动（Medienhandeln）以及与物质（即人工制品、仪器、机器或复杂的技术学科系统）的实际接触中找到对应物。这也意味着创造性的媒体生产，如书籍、目录、电影、展览，以及目前我所热衷的声乐和诗歌作品。但这些都不是这里的主题。

图 0-2 自然史和人类工作中的空间和时间
图片来源：A. Freiherr von Schweiger-Iserchenfeld, Wien und Leipzig: A. Hartleben's Verlag, o. J.

我们从大量的文章中选择了六篇文章进行出版，讲述了我在媒体考古研究中的一些冒险。

《拓展材料学：炼金术，作为混合现实的思维方式与形式》是对早期魔法科学实践以及哲学的集中案例研究，它一直深深吸引着我。这篇关于炼金术作为混合现实的思维方法和形式的文章主要探讨了无处不在的各种机器思维，即我所理解的人工智能。它试图在这个媒体实践领域赋予我们主权，在这个领域中，很多事情确实是在思考之前就已经完成了。

《扩展动画：文字和图像的简短谱系》代表了一种尝试，即通过对动画概念的深层时空思考，慷慨地打开这个迷人的中间领域，从而赋予它一个可能的令人兴奋的视角。通过活体机器、自动装置、机器人和其他人工制品，动画成为一种令人眼花缭乱的媒体现象，其意义远远超过了电影和胶片。

《走向“南方现代性学会”》是我研究中的一篇十分重要的文章，写于大约十年前。它不仅体现了在多元化和多样性中从全球视角对现代性理念进行构思的必要性。这篇文章开辟了研究阿拉伯知识文化深层时间的新视角，以及他们在 8—12 世纪全盛时期的先进且实用的发明。与中国文化的深层时间类似，它对欧洲的现代性产生了相当大的影响，但这一事实在欧洲和美国基本仍被掩盖。

在我目前的研究中，物质学的方法在前瞻性考古学项目中表现得最为强烈。通过事物思考以及通过技术媒体思考在这里是激进的，因为我们在联系艺术、科学和技术的深层时间里，在原始资料的基础上重新复原我们所热衷的手工艺品。这不仅能帮助我们更好地了解过去的存在，而且还能使我们对今天的成就保持更加谦虚的态度。

四篇较短的文章内容来自多场讲座。这些文字记录了我自 2019 年首次访问同济大学以来在过去三年中有幸与该校开展的合作，也是对 2021 年和 2022 年在上海举行的会议主题的评述。在讲座中，我将自己研究的主题引申到中国当代文明面临的挑战方面。我探讨了大城市和大都市作为信息机器以及彻底组织起来的城市体的发展过程。在这样的信息机器和城市体中，很难找到对城市空间的活力至关重要的异托邦场所。《在媒体装置之外和之间》对主体性进行了论述，主体性在中国主要来自于儒家传统，即个体在有条件的“我们”中可随意支配。对于城市状况及其结构，我提出了去程序化。也就是说，我最终提出了一个概念，该概念可用于推动高密度大型城市转型为拥有更多孔隙的生活空间。当时的大多数西方哲学，包括著名的德国思想家马丁·海德格尔的哲学，都是关于恐惧的哲学。即使是关于信念的哲学（比如我所理解的考古学），也不能避免偶尔的忧郁低沉。但原则上，它确实可以自由地从土星环上的无限运动中挣脱出来，并巧妙地避开原本不可避免地走向死亡的过程。

我要感谢同济大学的李麟学教授、丁凡、林华和整个团队为本书的出版所做的努力，也特别感谢钱玲燕等其他译者们，以如此美妙的方式将我的思想翻译出来，留存于中国的知识文化之中。

西格弗里德·齐林斯基
2023 年 3 月

目 录

1

拓展材料学

炼金术，作为混合现实的思维方式与形式*

《机械化的决定作用》（*Mechanization Takes Command*）——这是西格弗里德·吉迪恩（Sigfried Giedion）在 1948 年出版的一本传奇性的书籍。这位瑞士建筑学研究者和文化人类学家在该书中大大赞扬了机械给文明带来的改变以及它本身刻入文明的方式。这部伟大的作品是一本回忆性的书籍，如同一座纪念过去以及古典机器的纪念碑。第二次世界大战后，机械的霸权结束了。而随着电子学、自动化和学习型机器的出现，新的范式转变已宣告到来。在吉勒·德勒兹（Gilles Deleuze）和菲利克斯·伽塔利（Felix Guattari）对文明的批判中，“成长”被称赞为一种新的存在模式。日本艺术家河口洋一郎（Yoichiro Kawaguchi）自 20 世纪 70 年代末起就在平台上运行他的算法，而且这一算法多年来不断影响着人工生物信息学领域。在吉迪恩这部花费数十年时间才被翻译成德语的伟大著作面世半个世纪之后，网络化、程序化的文化技术才被普遍接受，成为日常生活的一部分。我们在 21 世纪之初所经历的（这段历史才刚刚被定义为一种新的质量），是过去几十年进程的加速和浓缩。在下文中，我将在“不合时宜的考察”下，在与此相关的一些现象所存在的更深层当代社会中进行实践[1]。

1.1 混合现实

“从建设到成长”——麻省理工学院媒体实验室（MIT Media Lab）的石井裕（Hiroshi Ishi）教授是这样描述目前感知体验领域塑造方面正在发生的范式转变的。数字化机器的机械平台上产生数据流，这些数据

* 译者注：本章原文为德文。其他文章除标注外，均由英文文本翻译。本章翻译：杨雅茹，审校：钱玲燕、丁凡。

1. 参见：Friedrich Nietzsche, *Unzeitgemäße Betrachtungen* (1873—1876). 见，例如：“第二篇：历史对生活的利与弊”，https://www.staff.uni-giessen.de/~g807/text1.pdf (2019 年 9 月 3 日)

流构成的流动世界将与地面上的液化材料（即地球上存在的一切）相连接。这样就会产生一种新的由细微的异质生物、化学和技术元素组成的混合现实。合成生物学将技术的逻辑性和物质性投射到现实当中，从而必然导致现实和智能数据链路一样发生改变。异源生物学则更进一步，它试图在实验室开发类似于可替代的生命模型，也就是生命变体之类的东西。正如布拉格文化哲学家威廉·弗卢塞尔所说的，从比喻的角度而言，在与生命体有关的抽象概念（数据世界中的应用信息知识）中产生了一种新的具体化，其结果我们还没有详细了解，因而仍须实践。威廉·弗卢塞尔来自那座欧洲中部的城市布拉格，直到今天，这个城市起码还保留着炼金术士们曾经居住过的那条小巷的印记。

波士顿的日本生物信息学家和生物设计师所创立的二分法颇具争议。新混合现实的基本部分仍然是以数字化的方式产生的，从本质上来说仍是机械的。然而，如果对所宣传的范式转变的基本组成部分（一方面是建成的、机械构造的，另一方面是生长的、成长的、流动的、湿润的，甚至是流血的，还包括它们操作的可能性）进行反思，我们就会发现，我们不仅处于一个艺术与技术的高度发展阶段，同时还处于一个有数千年深层时间发展的微观世界中。向未来飞跃通常需要创造性地避开过往。正如笛卡尔（Renés Descartes）所描述的戏剧性差异，范式转变的事件和先驱者在探索科学与形而上之间、精准算法命令与神秘魔法之间、被拓展物（“广延物”）和思考的事物（“思维物”）之间、严肃的科学实验和江湖骗术之间“走钢丝”。

中华文明不需要与欧洲现代性发展类似的戏剧性范式转变。以《易经》和阴阳五行学说为基础的思想体系，使中国能以不断变化的状态理解和描述世界。正如戈特弗里德·威廉·莱布尼茨（Gottfried Wilhelm Leibniz）在 17 世纪所强调的那样，中华文明甚至整合了二进制编码思想作为一种分析工具。同时，欧洲现代性教会我们严格区分物质和智识精神的异质现实。尽管一些对此最杰出的拥护者自己也乐于涉足魔术师的学说，以及庸医和早期基因操作者的实验。

我们不应再错误地把只能一起思考的东西分开来看，在各种可计算的控制系统和神经敏感物质之间，我们找到了新的混合现实，这是一种扩展的材料学[2]。在我看来，这是目前应对人工智能挑战的唯一合适的方法。一些人工智能技术最为先进的变体已经可以充当数字和模拟电子元件的“同体存在”，德国海德堡大学基尔霍夫物理研究所的卡尔海因茨·迈尔（Karlheinz Meier）与其研究团队共同开发的神经形态计算机“BrainScaleS（大脑规模）”便是范例。这是由数字和电子元件构成的混合结构，它是目前世界上最强大的机器学习系统之一。

我们要接受挑战，将当前的设计趋势看作物理世界中粒子与波形之间经验产生方面古代实验的更新。这里我所提到的物理学，一方面指的是超物理学的量子力学特征，另一方面指的是约翰·威廉·里特（Johann Wilhelm Ritter）的科学理解，于他而言，不存在死物质这回事。作为一名化学物理学家和早期电气理论家，他只接受极具生命化的物质条件的不同波状。他认为自己从根本上来说是一个生命科学家。2500 年前，人们将有同样思想的自然哲学派称为“原子论者（Atomisten）”。他们认为精神是被粉碎物质的最小微粒。

1.2 炼金术思维的起源

在古希腊，“Chymeia”一词指的是对可用之材的研究，用技术术语来说，就是冶金学。欧洲人从埃及文明中学会了如何生产纯净且有光泽的黄金，这些方法在公元前 2000 多年以前就已经在埃及广为流传了。从

2. 德文为 erweiterte Hermeneutik，英文为 Expanded Materiologies。

本质上来说，“Chymeia”指的是使极具价值的原始材料经过强烈加热后转化为一种更高贵的形式，在液化之后再次硬化为固体形态，例如银或金。

冶金学也与染色技术相结合。“Chymeia”还传授并实践了将材料表面（如编织品）浸染成不同颜色并使其具有美丽外观的可能性。药剂学也是如此，它关注的是药方和化妆品的生产，也就是如何用植物体的提取物来治疗和美化人体。和纹身一样，这些也是界面技术的早期形式，即面孔或外表连接方式的机械化。

特定的炼金术思想和实践可以追溯到中国、埃及、拜占庭、印度和波斯文化的深层时代。公元 3—6 世纪是中国古代最强盛的时期之一，在此期间出现了“金丹之道”这一炼金术实验文化。在“太清”的传统中，其重点是与自然和自然事物的变换关系。自然哲学实践与“道教”的思想密切相关。中世纪早期的杰出代表人物是葛洪（公元 283—343 年），他在历史上的作用大概相当于西方炼金术的早期大师[3]。在这一时期的欧洲，占统治地位的基督教正在与一切非基督教者进行残酷斗争。例如：埃及潘诺波利斯（今阿赫米姆）的炼金术士佐西莫斯（Zosimos）在他的炼金术文章中使用了神秘且颠覆性的语言，这在历史的暴力背景下也是有其残酷原因的。炼金术是堕落天使的艺术，是无数加百列们想超越上帝，特别是在对于美丽表象的生产上。一个理想的、雄伟的媒体世界，人们对它的探索仍然太少了[4]。

公元 8—9 世纪，阿拉伯—伊斯兰学术文化再次把目光转向了后基督教时代第一个世纪的广泛运动，并对其进行了新的定义。9 世纪初，巴格达智慧宫的人将相关实验和独到的文献称为“Al-kimyá”（炼金术）。这些文献是围绕其产生的书面文化或从其他语言翻译而来的。

---

3. 关于古代中国和印度的炼金术，参见：Jost Weyer, *Geschichte der Chemie Band 1 – Altertum, Mittelalter*, 16. bis 18. Jahrhundert (Berlin, 2018).

4. 最近出版的一本有趣的以自动装置和机器为主题的论文集：Brigitte Burrichter, Dorothea Klein, *Technik und Science Fiction in der Vormoderne* (Würzburg, 2018).

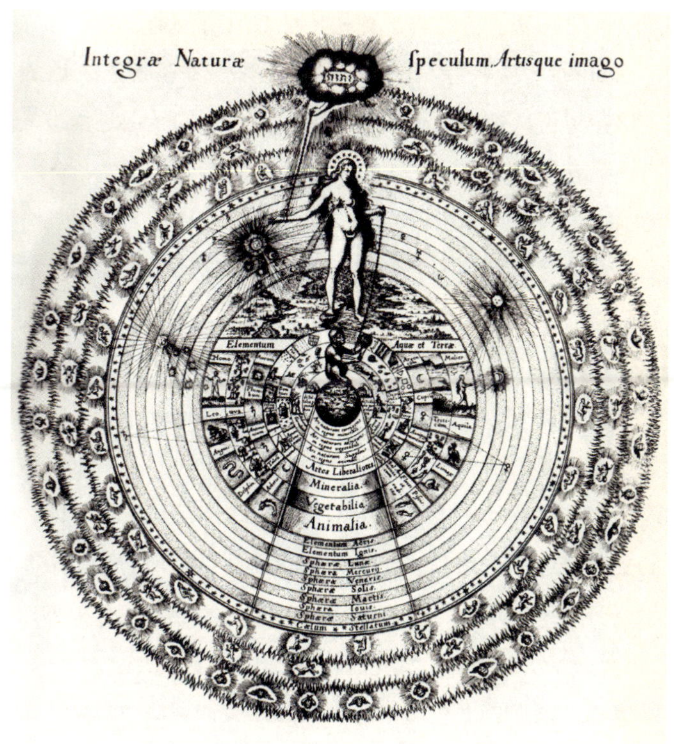

图 1-1　罗伯特 · 弗拉德（Robert Fludd），“托勒密宇宙 III”
图片来源：Utriusque cosmi maioris scilicet et minoris metaphysica, physica atque technica historia, 1617—1619.

这只是众多雕刻作品中的一幅，它以神圣圆环这一神秘且和谐的形象为框架，以“整个自然的镜子和艺术的形象”为标题，阐述了泛滥的关系财富这一理念。标题中的四个希伯来字母表示无法言说的万物之父，他的手从云端伸下来，并通过一条链子与月亮女神的右手相连，而月亮女神的右手又伸向太阳这一世俗的神的代表。代表创造的月亮女神的左手也通过链条与自然界的猴子相连，猴子坐在中间的地球上；在当代神秘教中，猴子也被理解为哲学家的儿子，因此也被认为是艺术。在许多炼金术论文中，猴子被描述为“具有创造性的潜力”。它被无数的细节所包围，由地球和水孕育并决定着。其中包括文科、地球上的创造阶梯的基本元素、空气和火的元素，以及星空环绕的六大行星和太阳的球体……

欧洲中世纪时期，自然哲学神秘传统的风俗传到了西班牙，并在那里作为“alchimia”（炼金术）体系建立起来。在基督教统治的欧洲复兴时期，炼金术再次被其上帝信仰所取代。化学的转换过程被喻为将无信仰者或怀疑者转化为纯正教徒的净化过程。

炼金术知识和炼金术士的实验方法越来越多地进入生活各个领域，如医学、农业、葡萄种植和各种手工业。这带来的后果之一，就是炼金术文献和公报的普及，它们作为将低等物转化为高等物的各种配方和指南，能够创造一种强现实体验、一种超现实[5]。

1609 年，约翰内斯·哈特曼（Johannes Hartmann）在马尔堡设立了第一个炼金术学教席。炼金术变得合理化和普及化。随着那些改变世界的无名先驱者知名度的扩大，炼金术成为应用自然科学、技术、艺术和魔法之间更为普遍的思想模式。它尝试在内部与精神的复杂关系中理解自然，用语言和声音进行理解，最重要的是使其可视化。世界的复杂性和关系妄想耦合成为一个漫长时代的标志，我们目前正在经历这个时代的媒体的成功。然而，那个纽带，也就是连接一切的链条，今天已经不再是想象中的那样了。它已经成为技术现实，并作为一个在时间和空间上普遍存在的远程连接装置运行着，我们已经学会称之为“互联网”。

“各种各样既不存在也不可能存在，但被认为和相信存在或可能存在的事物”，[6] 可以通过想象力和自然实验的野生奇妙世界达到空前的发展，或许已经成为在现代文明开始坚定的理化、标准化和普遍化工作之前最后的黄金时代。这就是人们所强调的炼金术的文化史功能。

---

5. 几个世纪后被称为“增强现实”（augmented reality）。

6. Zit. Charles Mackey, *Aus den Annalen des Wahns* (Frankfurt 1992: 8).

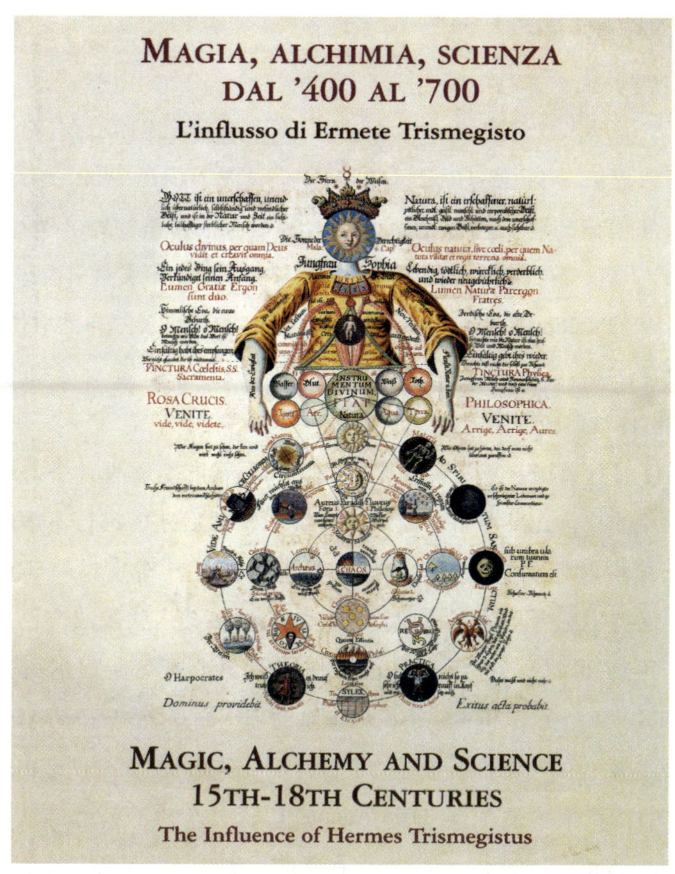

图 1-2 《15 至 18 世纪的魔法、炼金术、科学：赫耳墨斯 · 特里斯墨吉斯忒斯的影响》（*Magia, alchimia, scienza dal '400 al '700: L'influsso di Ermete Trismegisto*）封面
图片来源：Carlos Gilly, Cis van Heertum, Alchemie und Wissenschaft (Amsterdam, 2002).

这是一本关于赫耳墨斯 · 特里斯墨吉斯忒斯（Hermes Trismegistus）在魔法、炼金术和科学界的影响的著名出版物的第一卷封面（2002 年）。插图出自名为《物理学、形而上学和超物理学》（*Physica, Metaphysica e Hyperphysica*）的手稿，可能写于 1785 年左右。它来自阿姆斯特丹哲学赫耳墨斯文集图书馆。

1.3 衔尾蛇

自然反过来改造自己——这就是人们经常描述的炼金术的基本原理。蛇或龙咬着自己的尾巴，在古埃及表现为衔尾蛇的形象，表达了个人和集体的统一性原则。《自然事物与神秘事物》（*Physika kai mystika*）[7] 是一本古老文献的残篇，它的作者在炼金术文献中被称为“德谟克利特（Pseudo-Demokritos）”，它是这样描述的：“自然取悦自然 / 自然主宰自然 / 自然征服自然”。炼金术过程的最后，是对自然的征服 [8] ——在自然被彻底探索之后。

在目前对数据、算法、细胞、分子和原子的实验设计中，这个过程是相反的。首先要对自然材料进行分析，然后才能进行了解。数据或算法被投射到扩展物中，扩展物又反过来使其对来自外部和内部的控制保持敏感。身体同样通过围绕着它的多孔皮肤解放自己，进入世界。正如 20 世纪 60 年代奥地利作家和艺术家奥斯瓦尔德 · 维纳（Oswald Wiener）在其实验小说《中欧的进步》（*Die Verbesserung von Mitteleuropa*）[9] 的附录中所描述的那样，一个理想的界面被创造出来了。

维纳按照生物适配器（Bio-Adapter）概念设计了名为“幸运服”（glücksanzug）的机器，该机器具有双重行动方向，与所有通信和媒介的偏向相一致。它使柏拉图洞穴中的个别囚犯能够观赏人造边界之外的世界；同时，它也改变了囚犯，使其与外面的现实有更强的兼容性。

这些是我们作为现实从界面中辨认出的情况——在心理、技术和审美方面。维纳在适应过程中区分的适应者与被适应者的两个阶段也可以

---

7. Florian Ebeling, Das Geheimnis des Hermes Trismegistos. *Geschichte des Hermetismus* (München, 2005), 47f.

8. Hier zit. nach H.E. Fierz-David, *Die Entwicklungsgeschichte der Chemie. Eine Studie* (Basel, 1952), 45.

9. 本文写于 1963 年后期，首次出版于 20 世纪 60 年代中期，当时维纳在奥利维蒂公司担任数据处理主管。2019 年，终于可以出版传说中的附录文本的英文译本，该译本由柏林卡德莫斯出版社（Kadmos-Verlag）发行。

图 1-3 衔尾蛇
图片来源：b/w Fierz 1952, 46.

衔尾蛇——神秘的龙形蛇，通过咬住自己的尾巴吞噬自己，然后重生。就像炼金术这一伟大工作本身一样，没有开始也没有结束。炼金术士克娄巴特拉（Cleopatra）的文章《冶金》（“Chrysopeia”）中的衔尾蛇生活在公元四世纪。

从这个角度来理解。在第一阶段，仍有一些类似于差异的戏剧性的东西。这或许是经典的机器。个体偶尔会通过出现“故障和不可避免的失误”[10]，认识到自己受到机器的影响。在适应的第二阶段，对个体身体和精神功能的控制已经完成，控制论的循环已经结束，各个“生物模块”从而能够进入相互学习的关系。这是由马克斯·本塞（Max Bense）在德语讨论中引入的一个术语——艺术与技术阶段。

个人的身体自己进入世界，而世界又因它变得自由，从而使其与世界结合为一个不可分割的混合现实。这就是未来的世界，在这个世界里，个人能够感到自在，在无尽的视觉循环中看见事物、听到声音、闻到气味。

题外话

根据福柯（Foucault）、拉康（Lacan）、德勒兹、加塔利、阿甘本（Agamben）等后历史主义和后古典主义思想家的观点，我们可以了解到符号和公式化的精确表达与鲜活存在着的现实之间的戏剧性关系，不仅是内外之间的冲突，而且二者的分界线贯穿主体始终。这一认识不但适用于人类和机器，更适用于两者交互形成的结合体，也就是人类技术系统。

我们所熟悉的人机接口中还附加了其他类型的连接。在简化模型中，可以这样解释：人类的思维和行为既包括形式上可以掌握的现实（计算、纪律、控制、统计、语法、管理、规则、测量等），也包括不可形式化的现实（忧郁、想象、梦想、气氛、欲望、恐惧等）。这些异质的现实之间的分离和调解不断阻碍着人类主体的生活现实。我们也可以认为这个接口是无限可分的。

由于机器是文化、创造性、无意识、政治及社会过程的实现，并且由广泛且灵敏的材料组成，因此它们不能只具备我们日常生活中越来越多地感受到的状态，例如，陈旧的大型机器（包括飞机、集装箱船、城际特快列车）或宏大的人类技术系统（包括核电站）。二元性存在于我们 / 你们之中，它由规定的形式功能部分（机械装置，如电路、按钮、键盘、旋转元件等，以及原理，如旋转、提升、推进、接触等）和非形式部分（物质状态、温度和气候敏感性、年龄、喷发等）组成。这一接口也是无限可分的。

在开放多孔的框架内，媒体机器（MedienMaschine）和媒体人（MedienMensch）都发挥着二元性。这个框架使我们能够交换建设性和破坏性的能量，相互联系，以爱意交流或以厌恶摧毁彼此。

---

10. 参见：Oswald Wiener, *Die Verbesserung von Mitteleuropa*, Roman (Reinbek bei Hamburg 1972: S. CLXXIX.).

1.4 投影

炼金术并非为了提炼概念而产生。相反，从文字的直接意义上来看，它是“诗意的实践”（Poetische Praxis），即一种行为方式，并因此和创造紧密相关。在宗教文章和支离破碎的文本片段中，炼金术的含义丰富多样，这构成了它的一大特色。炼金术是消耗和浪费的特殊形式。它在处理部分和个体的同时，并未舍弃大局观和全局观。它生成了过度的图片谜题和“隐喻之战”。只有少数炼金术士、工匠和后来的圣经批评家才能读懂和理解炼金术文章。15 世纪初，方济会修士乌尔曼努斯（Franciscan Ullmannus）的《圣三位一体之书》（*Das Buch der Heiligen Dreifaltigkeit*）当属这类神秘文本中的典范。根据维也纳古典语言学家和此类宗教文章的专家赫尔穆特 · 伯坎（Helmut Birkhan）的说法，只有少数研究人员才能理解该文本。[11] 从这种意义上说，炼金术是彻底的精英理论和实践。它是一个“只能听的梦。说出来时，只会结结巴巴。当人们不再在炉子旁做梦，而是把自己裹在衣服里窃听内心的想法时，炼金术的梦想就消失在黑夜里了”。[12]

在许多炼金术论文中，将普通物质转化为耀眼美丽、炙手可热的贵金属的最高水平被明确称为 proiectio。现今，我们可以称之为“推测性设计”（Spekulatives Design）。根据炼金术模型的给定架构，这通常是转化过程的第七或第十二阶段。在实验—实践术语中，proiectio 意味着投掷的过程。精确计算粉状青金石（贤者之石[13]）的数量，涂上加热的蜡，然后把它扔到沸腾的贱金属上。如果青金石作为积极的中介能够拥有该

11. 参见：Birkhans, “Das alchemistische Zeichen. Allgemeines zur wissenschaftlichen Axiomatik der Alchemie und Spezielles zum Buch der heiligen Dreifaltigkeit”, *Keith Griffiths - The Presence*, (1992): 40-53.

12. Fierz-David, *Die Entwicklungsgeschichte der Chemie*, 132.

13. 译者注：“贤者之石”是一种存在于传说或神话中的物质，其形态可能为石头（固体）、粉末或液体。

有的转化力，那么所需的转化应该发生在最终的合成阶段。

与任何其他的媒介引力一样，青金石也是一种承诺。就像今天的数字化是一个永无止境的承诺一样，青金石可以保持神圣和崇高，却又无法中断。“数字是黄金炼金术公式的模拟物”，我这样翻译白南准早期关于通量艺术家艾伦 · 卡普罗（Allan Kaprow）和诗人艾伦 · 金斯堡（Alan Ginsburgh）的录像带上让 - 保罗 · 法吉尔（Jean-Paul Fargier）的一段文字。在转化过程中，一切都取决于变化过程中使用的物质和产生变化的超材料具有的性质。贵金属只能从不那么名贵的物质中产生，但也绝非低劣的材料。

罗吉尔 · 培根（Roger Bacon，约 1214—1293）在一篇中世纪晚期的论文中强调，用于投影的材料，也就是青金石本身，应该包含大量的贵重物质。1608 年，人们将这篇论文翻译成了晦涩难懂的德语。为了使月亮（银）和太阳（金）散发出最美丽的光芒，贤者之石必须包含丰富的物质。“因此，我们寻求投影。为了获得白色或红色物质，所以我们应当从黄金中获取它们……”[14] 爱德华 · 凯利（Edward Kelly，约 1555—1597），英国伟大的数学家、医生和制图师约翰 · 迪伊（John Dee，1527—1608）的助手，将欧几里得的《几何原本》（*Euclid's Elements*）翻译成了英语。在关于“贤者之石”的论文中，他建议，该物质无论如何都应该含有大量的水银。“酊剂与金属染剂必须属于同一属”；由于它是不完美金属，“贤者之石”被投射在上面，因此“石头的粉末在本质上必须是水银”[15]。

---

14. 奇特的文字。与这段文字并列的是英国数学家、医生、制图师和炼金术士约翰 · 迪伊（John Dee）著名的《莫纳斯象形文字》（*Monas Hieroglyphica*）的同时代版本。

15. Edward Kelly, "The Stone of the Philosophers", in *The Alchemical Writings of Edward Kelly* (London: Jame's Elliott & Co., 1893), 15.

图 1-4　被蜡包裹的青金石的投影：在各种物理和化学阶段的转变
图片来源：Klossowski 1973, 117.

存于阿森纳图书馆（Bibiothèque de l'Arsenal）的 18 世纪《古代哲学家的智慧或关于最高和普遍医学的相同学说》一书中提到，嬗变过程极为复杂，从“Chaos veterum”到各种物理和化学阶段的转变再到 XI 阶段被蜡包裹的青金石的投影，多达 40 个阶段。

1.5 宇宙的噪音

在近代早期，炼金术理论和实践服务于（自我）理解一个尚未建立的、高度不确定的、跳跃的、凭经验的并且在未来可能完全昙花一现的学科。它明确地将自己和他人，以及那些没有理解的或尚未理解的事物（也包括自然和技术的其他事物）联系在一起。宇宙轰鸣，静心倾听，沉醉其中。它通过声音将自己投射到魔术师学徒和炼金术士的灵魂中，他们选择参与到这个世界中，并且不满足于仅仅观察世界。作为一种新的体验和改变世界的模式，炼金术指的不是神秘的过去，而是通往可能的未来——一种神秘的教育诞生了。今天，在扩展和美学应用计算机科学的场景中，我们仍能发现它的踪迹——它是你在真正理解之前所学习和所做的事情。

一些研究光学、声学和其他媒介技术的自然哲学家，如罗吉尔·培根或乔瓦尼·巴蒂斯塔·德拉·波尔塔（Giovanni Battista della Porta），不仅是炼金术实操家，而且精通高度投机的理论文献。一些自然科学实验，例如艾萨克·牛顿（Isaac Newton）的实验，都遵循了炼金术法则。在牛顿著名的“色散实验”（Experimentum Crucis）中，他设置了一个

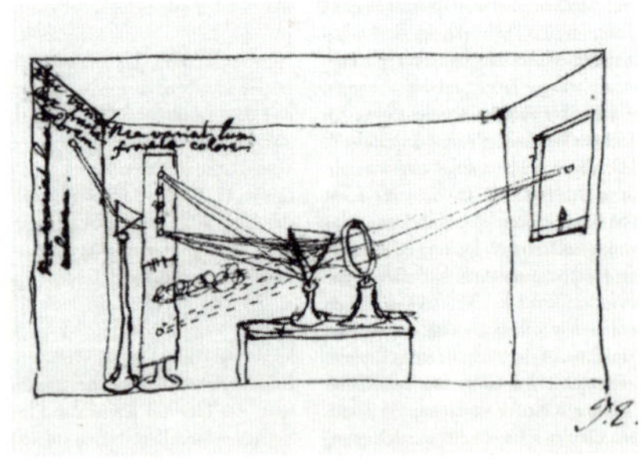

图 1-5　艾萨克·牛顿的“色散实验”（左）
图 1-6　Ulli Seegers 的著作 *Alchemie des Sehens* 的封面，该封面的配图为西格玛尔·波尔克（Sigmar Polke）的作品（右）

特殊的暗箱（camera obscura），白色阳光被分解成无法再分解的光谱颜色。但是，在实验中，太阳光并不是暗室外物体投影的光源，而是相机内部棱镜的折射对象。随着实质性色彩质量的产生，炼金术实践发生了改变，由此催生的写作和阅读的变体只有一种。从马克·罗斯科（Mark Rothko）的画作中，我们能找到这一结论的应用。伊夫·克莱因（Yves Klein）、西格玛尔·波尔克（Sigmar Polke）的作品，或者在这一角度很少被提及的葛哈·李希特（Gerhard Richter）以及他的油画 Silikat（2003），还有最重要的、具有纪念意义的 C-Print Strontium（2004）也都体现了这点。

1.6 炼金术活动原理

从材料学的角度来看，炼金术实践大致可以分为三类。

① 我们最熟悉的是将铜等价值较低的金属转化为更珍贵的银，并最终转化为象征着太阳和神的闪光的金子。在这个实践中产生了许多化学和物理发现。

② 在有机物领域，炼金术士的成就在于产生一种不仅可以治愈所有疾病，还可以使所有生物恢复活力的物质。这种物质被称为“灵丹妙药（Panazee/Panacea）”。

③ 与之相关的是第三种方式：人造的、可以理解的生命以“人类”的形式呈现出来，即“同质化的人 / 人造人（Homunculus）”。今天，诸如汉斯·克莱弗斯（Hans Clever）等医生们认为，“大自然创造的一切”都是可以模仿的，甚至不是特别复杂的。[16] 干细胞研究和针对血液的生物设计之间的界限已经变窄。

近乎完整流传下来的炼金术论文最早可以追溯到 3 世纪末或 4 世纪

16. Süddeutsche Zeitung, “Ersatzteile Aus dem Labor”, (2018): 35.

初，作者是佐西莫斯，他的灵魂挚友狄塞斯比亚（Theosebia）是炼金术早期历史上的杰出女性。两人都曾生活在潘诺波利斯[今天的艾赫米姆（Achmim）]，那里曾经是上埃及的纺织制造中心。佐西莫斯已经对炼金术思维和行为的一些原则有着相当清楚的认知。在此，我简单介绍七条。在我的时间机器中，它们可以用过去和未来的深度视角来说明令人兴奋的游戏。它们都与当前和未来的设计有关。

第一条（也许是最重要的）：世界是一个统一体，由各类具有同情性质（有时是反同情性）的联结构成。

在这种情况下，精神和物质的相互关系不应被理解为一种对立的二元论。广延物和思维物，即被扩展的和思考着/思考后的事物是相互依存的，属于同一个生活现实，俗称“我们的世界”。二者在本质上的主动性将物质世界和思想世界紧密联系在一起，甚至以合乎规则的方式交叠在一起。无论是物理的、生物的或化学的世界，还是概念、术语、隐喻、寓言和观念的王国，都不能将其仅仅设想为痛苦的。它们是泛物质、宇宙现实中的吸引者、代理人和激情澎湃的实体。在媒体艺术的最初几十年里，“互动媒体”这一术语被过度使用，炼金术士们对此或许会感到无聊。在一个充满互动的世界里，每一个动作都是交互的。从这种现实主义的角度来看，模拟和数字对象在本体论上并没有背道而驰，而是在客体间的关系范畴内呈现出等级差异。

第二条：对立统一是理想化的炼金术理论和实践，同样构成了炼金术最重要的内容。

在炼金术士的语言中，“结合”（conjunctio）[17]成为技术名词，指

17. 译者注：在物质炼金术中，“结合”是指用分离后取出的净化过的物体创造出截然不同的新物质。

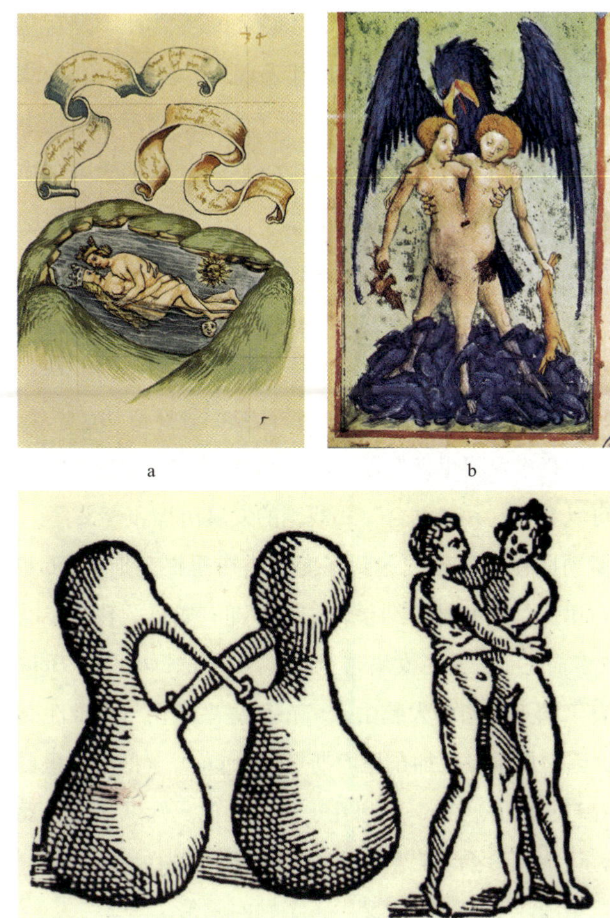

图 1-7 雌雄同体成为形象的例子
图片来源：Klossowski 1973, 41, Anhang, 4.

（a） 作品 Rosario philosophorum，图片说明了在水这一原始介质中，发酵过程中对立面的结合。恋人代表了完美地消除性别差异。在性别组合中，指定的天体遵循着罗曼语的原则，其中月亮为阴性 / 女性，太阳为阳性 / 男性。

（b） 作品 Aurora consurgens，来自苏黎世中央图书馆的 14 世纪晚期手稿。深蓝色的鹰代表重物质的连续挥发和升华，恩爱的夫妻是由老鹰抚养长大的。

（c）位于16世纪的标本中的用于永久循环的炼金双容器。这种形式也被用来表示字母M(即魔术)。

实际不相容的事物的统一。男孩和女孩之间的身体联系是对立的统一，它呈现出无穷无尽的变化。雌雄同体代表理想状态——恰好在两性之间，在对立之间，无关物理，而是近乎形而上学的超物理。图画中的身体结合在当时是备受瞩目的主题，因此人们不仅用丰富的想象来描述它，还将其转换为炼金实验室仪器的专业语言。交错开颈的玻璃双层烧瓶是炼金术士“厨房”里最重要的器皿之一。

哲学家集会（Turba Philosophorum）出现在许多论文中。这是一场虚构的炼金术士大会。在最具声望的哲学家毕达哥拉斯（Pythagoras）的主持下，声名显赫的自然哲学家们彼此见面，交流切磋。例如，从 16 世纪后期的“哲学家阿里斯勒斯（Arisleus）的幻象和贤士的寓言之谜”中，人们可以看到这种“结合”式戏剧的发展历程和含义。

阿里斯勒斯在海洋王国遇到了海王塔布里提乌斯（Tabritius），他承诺让塔布里提乌斯的枯树结果，并让他拥有成倍的孩子，以此作为礼物。这个故事描述了王室子女塔布里提乌斯与他妹妹贝雅（Beja）的结合，他们都孕育于国王父亲的大脑中。塔布里提乌斯在与贝雅性交后立刻就死去了。“因为贝雅攀上加布里库斯（Gabricus）（即塔布里提乌斯），把他包裹在自己的子宫中，直到几乎看不见他。她以这样的爱拥抱了加布里库斯，让他完全融于自然，并分成不可分割的（最小的）颗粒”，戏剧性的重生随之而来。贝雅又生下了她的弟弟。

“牛奶一样的东西……受孕让它变成了血，/ 苍白的东西变成黑色，红色的东西溶解为石头，/ 当白衣女子嫁给红衣男子时，/ 他们很快就拥抱在一起，在拥抱中结合，/ 他们在混乱中溶解，/ 通过自身，他们也被吸收进彼此之中，/ 如此，两具身体就合二为一。”[18]

---

18. Die Zitate und Umschriften sind entnommen aus H.E. *Fierz-Davids Studie Die Entwicklungsgeschichte der Chemie* (Basel: Birkhäuser 1945, 2. Auflage 1952), 64-65.

如此一来，“温柔的女孩”成了她兄弟的母亲，又再次生下他。然而，从这些名字可以看出，阿里斯勒斯的谜语实际上指的是化学物质。“Tabritius”（后被称为“Gabricus”）是从阿拉伯语“Kibrit”衍生而来的，意思是黄色或普通的硫磺。Beja，阿拉伯语“Al-baida”，拉丁语“albedo”，意为浅色皮肤或简单的白色，代表汞。因此，汞和硫结合形成黑色的硫化汞，即死亡，死亡必定先于复活发生（寓言中经常将黑色的硫化汞描述为乌鸦）。现在，如果这种黑色物质在玻璃蒸馏器（在叙述中被描述为三层玻璃屋）中高热升华，就会得到黑红色的结晶朱砂，朱砂摩擦后变成鲜红色。在这种情况下，这一过程的目的是萃取。

第三条：世界的复杂性与关系幻想：一切都与其他事物相关并相互联系。

每一个细节都在另一个细节和整体中有对应关系——在近代早期，“组合学艺术”（Ars Combinatoria）远远不只是创造知识的途径。柳利传统中[19]，在 16 和 17 世纪，人们将其视为解释世界的精神历史本质。上帝、语言以及自然和事物的现实由此被视为一个不可分割的整体。阿塔纳斯·珂雪（Athanasius Kircher）的“神的艺术”（ars dei）的本体论模型牢牢建立在柳利（Llull）[20]的思想之上。创造和构建存在的内在原则由结合的上帝产生。正如珂雪所设想的一般，对于卢尔而言，“组合学艺术”的主题不是人，而是上帝。珂雪的巨著《伟大的认识艺术》（*Ars Magna Sciendi*，1669）分为 12 本，书中几乎每一页都在尝试着从解释和创造世界的统一中去理解组合艺术。炼金术凭借其巨大的关系财

---

19. 笔者此处指加泰罗尼亚的博学者拉蒙·柳利（Ramon Llull）和我们在卡尔斯鲁厄和洛桑的《组合学艺术》项目，详见：A. Vega, P. Weibel, S. Zielinski, *Dia-Logos - Ramon Llull's Method of Thought and Artistic Practice* (University of Minnesota Press, 2019).

20. 译者注：拉蒙·柳利（加泰罗尼亚语：Ramon Llull，约 1235—1316），加泰罗尼亚作家、逻辑学家、方济各第三会会士和神秘主义神学家，被认为是计算理论的先驱。

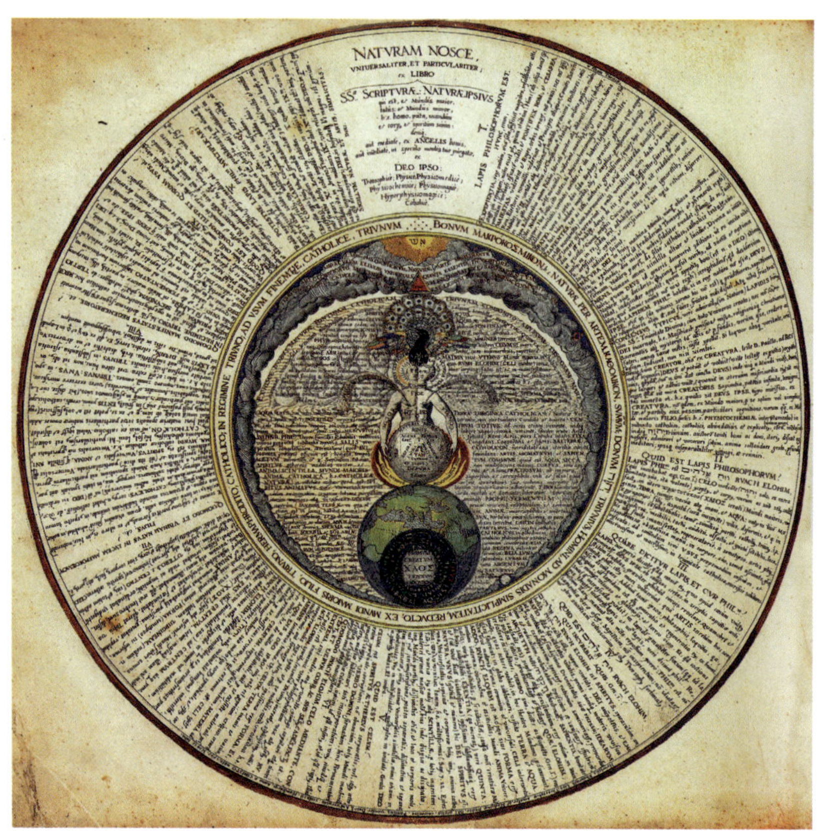

图 1-8　海因里希 · 昆拉斯（Heinrich Khunrath）的《永恒智慧的圆形剧场》（*Amphitheatrum Sapientiae Aeternae Solius Verae*，1595）中的第一个圆片
图片来源：Magia, Alchimia, Scienza dal 400-700 2002, 182.

在昆拉斯的《永恒智慧的圆形剧场》中，他试图在两个圆片上描绘整个巨著，这一尝试令人印象深刻。这是第一个圆片，画面中心是对立面的结合（太阳和月亮），上面的孔雀立起，并张开它的彩色尾巴，这标志着炼金术伟大作品的每一阶段：在从物质的深黑色到天使般的反射白的过渡中出现了各种颜色。由此，贤者之石诞生的最后阶段开始了。

富服务着耶稣会会士，并构建出他们心中的理想世界，对于这样的一个世界，他一方面已经在其主要的地球物理学著作《地下世界》（*Mundus Subterraneus*，1664）中引人入胜地描述过，另一方面又对其进行了严厉地批判，如同一个正派且高级的梵蒂冈仆人。

珂雪试图发展一种“普遍的科学”（Scientia Universalis），即针对一切存在的普遍科学，而在欧洲，他的这一尝试在所有可能的关系的算法化界限中诞生了。本着毕达哥拉斯的精神，数字成为了和谐乐章的媒介。所有存在的抽象数字和符号的相互关系通过“组合学艺术”的活动变得具体，被视为对于质量和个体的执行。莱布尼茨由此正式踏入了这个世界，并将其作为普遍科学大力发展。

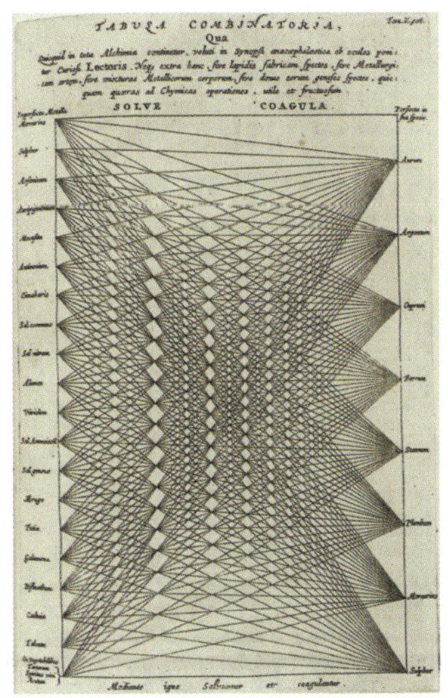

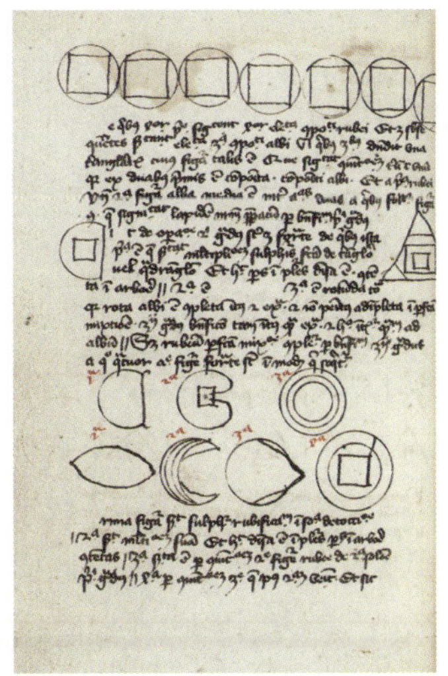

图 1-9　世界作为由物质组成的关联性网络

图片来源：Athanasius Kircher, Ars Magna Sciendi (1669): Tabula combinatoria (Archiv Zielinski).

图 1-10　柳利在炼金术论文中的逻辑片断

图片来源：15 世纪的匿名炼金术手稿，沃尔芬布特尔（Wolfenbüttel）

第四条：神秘的思想、经验主义理论与炼金术实践相结合，创造出一种高度合成的语言。

这种语言自大量符号元素和预言、隐喻般的意象组合而来，只有那些掌握了这种特殊代码的人才能使用这门语言，即所谓的知情人士。了解这种语言意味着能够接触到信息的源代码。这与当今的高效率信息科学的特权知识情况类似，都属于权力编码。

作为一门应用实验科学及自然哲学，炼金术中大量使用了公式化的描述和翻译。一方面体现在复杂公式上，另一方面体现在几何学上，这种一维线性语言的边界跨越行为在炼金术中体现为一种传播策略。即使是极其特殊的变体，如迷宫般蜿蜒的文本线条和零散的句法，也属于这类形式。

第五条：在炼金术的历史上，赫尔墨斯的学识、邪说、不透明和秘密紧密相连。

对炼金术知识内部真理的了解是炼金术士、信徒和其巫师学徒的存在基础。他们的生活依附于对巨著的特权知识，就像他们必须谨慎地向贵族透露事实，这群贵族邀请他们，对他们进行资助。他们的失败有时也会带来致命的后果，而且往往都与暴力虐待有关。他们对自然界的深入干涉使得炼金术士被教会权力机构看作神圣许可的狂热入侵者。乔瓦尼·巴蒂斯塔·德拉·波尔塔在他的《自然魔法》（*Magia Naturalis*）中提出了避孕手段，该书第一版于 1558 年出版。他的自然秘密实验研究科学院于 1560 年左右在那不勒斯成立，不久后被梵蒂冈禁止。几年后，波尔塔用一整本书《隐形字母》（*De furtivis literarum notis*，1563）来讲述密码学和隐写术，即秘密写作和秘密通信的各种实践。波尔塔因此成了新的文化技术的主角之一，这种技术基本上都是在炼金术的环境中出现的。《密码学》（*Criptologia*）作为他最后一部未发表的作品，以

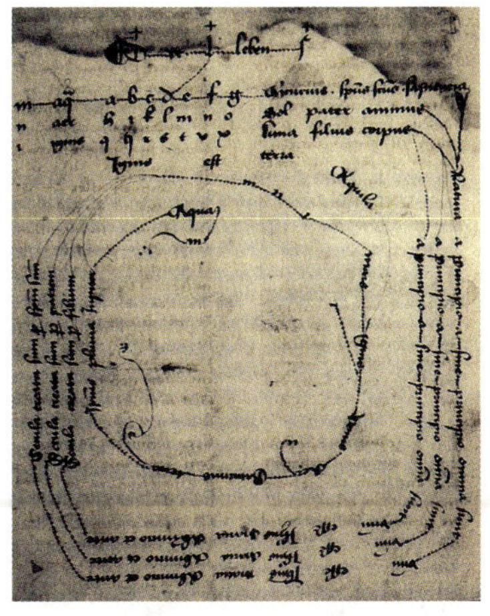

图 1-11　三行字母包含了行星 / 金属的秘密名称，线条的形状阐明了巨著的论述
图片来源：Ulmannus, Buch der Heiligen Dreifaltigkeit, 15Jh.
图 1-12　永恒的家园
图片来源：Leonhard Thurneysser: Quinta Essentia (Muünster 1570).

知识和诗歌实践来对抗来自审查员和裁判员的威胁。早在 1612 年，即波尔塔去世前三年，他的资助人费德里科 · 切西（Federico Cesi）在一封信中写道，最好通过代理人给他送信，“因为如果给波尔塔写信，信不会太安全”[21]。

第六条：欲速则不达！加速和准时化成为当代时间意识项目中的决定性范式。

乔治 · 毕希纳（Georg Büchner）戏剧中的那句“别这么煽动他，沃伊采克（Woyzeck）！”代表了被猎杀和被追捕的人的病态心理——

21. 在我的《媒体考古学》（莱茵贝克：洛克赫特，2002）的波尔塔一章以及“战争与媒体：传说与图像中的家族史边注”中都有详细的讨论，具体见：*Archäologie der Medien* (Reinbek: Rowohlt, 2002), Bilderschlachten. 2000 Jahre Nachrichten aus dem Krieg. Technik-Medien-Kunst, hg. v. Nöring/Schneider/Spilker (Göttingen: Vandenhoeck & Ruprecht, 2009).

在颓废中寻找和发现死亡。匆忙是魔鬼。作为一种展开性的体验文化，炼金术实践发生在有意识的活着的当下，作为一种活动，它同时也是对自身的阐述。它赞美当下，因此它也是对基督教教父奥勒留·奥古斯丁（Aurelius Augustinus）的时间纲领的反击……他说，时间来自不存在的未来，在无持续的当下，并进入已经停止的过去。与此形成鲜明对比的是，炼金术的巨著将自身视为当下的一种娱乐活动。

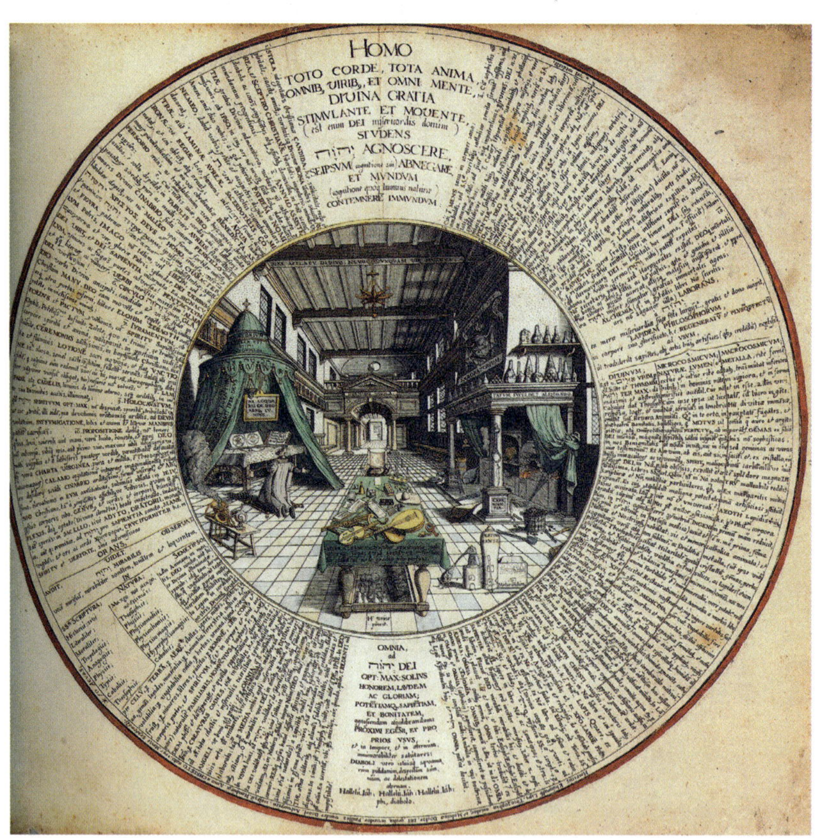

图 1-13　昆德斯的《永恒智慧的圆形剧场》中的第二个圆片
图片来源：Magia, Alchimia, Scienza dal `400 - `700 (2002), 183.

海因里希·昆拉斯的著作《永恒智慧的圆形剧场》中讲述了欧洲现代的历史门槛（约 1563 年），并详尽地描述了炼金术士的活动。在圆（或圆片）的原型中刻着所有的相互关系，这些关系对于炼金术士而言非常重要。第四个布告牌上的人类在神恩（divina gratia）启示中全心全意的祈祷包含了对场景的描述和日常戏剧中最重要的品德的转化。实习炼金术士在昆拉斯的实验室和小礼拜堂中进行他最重要的活动：祈祷、工作以及奏乐。这方面所需的用具——书籍 / 手稿、蒸馏器具和乐器——在版画的内圈呈三角形关系排列，装有乐器的桌子位于画面的前部中央。用于提纯的炼金室（图 1-13 中的右前方）上有一个铭文——“Festina lente！”，即“快点！”，这是关于休息、耐心和毅力的信条。[22]

第七条：严格的伦理准则被铭刻在元素嬗变的伟大艺术中，被绝大多数人尊重，并被视为具有约束力。

就像在围绕着数字化范式和幻觉的诺言的当今世界一样，炼金术士和巫师学徒在真理主张和招摇撞骗之间的尴尬局面是极其狭窄的。然而，艺术和美德被看作相同的东西。[23] 作为工作的绝对先决条件，炼金术士需要有很高的道德素质。只有品行良好的人才被允许进入图书馆、小酒店和炉子中。从低廉材料到名贵材料的转变，总是代表着转变者的愿望，或者至少代表了他们愿意被转变的决心。

在基督教的炼金术传统中，这一想法与《圣经》中一个著名的寓言式的表述相映成趣，即雅各布的天梯的故事，它在西方神话中主要被描述为具有最能通神的爆发力的充满想象的建筑。雅各布为了逃避他对他

22. 参阅昆德拉特作品的影印版本：Hg. C. Gilly, A. Hallacker, H.-P. Neumann, W. Schmidt-Biggemann, Heinrich Khunrath, *Amphitheatrum Sapientiae Aeternae – Schauplatz der ewigen allein wahren Weisheit*. Stuttgart: Frommann-Holzboog 2013. 首次印刷（1595 年）和最后一次印刷（1609 年）的副本 . 电子版见：https://digi.landesbibliothek.at/viewer/resolver?urn=urn%3Anbn%3Aat%3AAT-OOeLB-1149515

23. Vgl. z.B. H.E. Fierz-David, *Die Entwicklungsgeschichte der Chemie* (Basel: Birkhäuser, 1945, 19522), 50f.

的兄弟以扫（Esau）犯下的罪行以及对他的盲人父亲以撒（Isaak）的可耻背叛而躺下睡觉，他把头埋在石头上，因为害怕自己于夜间所产生的幻想。他梦见上帝派到地球上的有翅膀的人和天上的使者，一个阶梯连着一个阶梯，从地球的黑暗到永恒的光明，从向下的明亮的光芒到由此被认为罪孽深重的混乱的物质。

舞台式建筑从此成为了代表等级秩序的形象，被引用了无数次，它代表着上升至知识或卓越，代表着衰退至灾难，代表着苦难与解放，代表着心理或犯罪的紧张关系的开展和化解。

从这个意义上而言，它们是高度戏剧化的领域。有机的现实和人造的现实在这里相遇。人们可以在最真实的言语意义上体验到梯子和阶梯——就像假体一样。它们与万有引力定律紧密相连。上升和下降是两个基本运动，人们可以练习它们，在克服高度差异的过程中，人们可以通过腿部的准确偏转和偏移顺序对它们进行一次又一次的划分。在德勒兹的表述中，人们也可以将其理解为词组的“重复和异化”（Repetition und Differenz）。

图 1-14 炼金术的大师之路是最终的神秘体验，是从煅烧到转化的渐进过程，由四种元素（火、土、水、空气）构成，其无尽的混合物合成伟大的作品

图片来源：Stefan Michelspacher, Cabala (Augsburg, 1616), Anhang, Falttafel 3.

图 1-15 《通向天堂的阶梯》，齐柏林飞艇（Led Zeppelin）乐队的专辑封面寓意为雅各布的天梯，源自 14 世纪的拜占庭绘画

1.7 结语

对艺术家让 · 杜布菲(Jean Dubuffet)来说,“材料学(Matériologie)……是天地间联系的学科”[24]。在 20 世纪 50 年代末 60 年代初，这位法国艺术家开发了一系列侧重三维的图像，他使得自然材料相遇，并相互作用。布鲁诺 · 拉图尔提（Bruno Latour）希望我注意，材料学一词并非来自杜布菲，而是来自坎吉伦的学生弗朗索瓦 · 达戈内（François Dagognet），据我所知，他的书还没有被翻译成德语。他在美国也只有几篇文章，例如关于生理学家和时间摄影家艾蒂安 - 朱尔 · 马雷（Etienne-Jules Marey）的文章，以及他的《可见的痕迹》（*Spuren des Sichtbaren*）[25]，这个名字是慢速摄影方面的一个很好的材料学文字游戏。

扩展材料学（Erweiterte Materiologies/Expanded Materiologies）可以成为一个概念，在这个概念中，扩展的事物和想象的事物之间的界限以及宏观世界和纳米世界[26]之间的界限上升并被稳步彻底超越，生命的真实性被逐渐转移到那个充满张力的生物和技术的组合中，我们是其中不可或缺的一部分。这包括意识到硬件和软件，或当前流动的、潮湿的、血腥的和智慧的事物“湿件”之间的相互联系，并不是一个新世界奇迹，现在互联网已经放弃了其作为主媒介的地位，我们必须向它致敬。与此相反，它是建立在对所谓生命的长期思考的传统之上的，包括用活人及其无尽的变化进行的实验。

人类毫无顾忌地剥削天体的当代形式，已经超越了地球向内和向外的关键区域。在以行星定义的资本主义中，我们无法再给出适当的观点。

---

24. 参见：Matériologies de Jean Dubuffet (Frankfurt/Main 1961), o.P.
25. Dagognet, *A Passion for the Trace*, trans. by Robert Galeta (MIT-Boston, Zone Books, 1992).
26. 参见：例如巴鲁克 · 戈特利布（Baruch Gottlieb）的案例研究，具体见：*A Political Economy of the Smallest Things: The Materiality of Images at the Nano-scale* (Atropos Press, 2016).

2

扩展动画

文字和图像的简短谱系 *

2.1 方法前缀

起源总是先于堕落。在身体之前到来，在世界和时间之前。

——福柯[1]

这是米歇尔·福柯（Michel Foucault）将一句古老谚语[2]进行改编而成为其关于过去层面的特殊作品。在这种观点中，定义一个人感兴趣的现象的起源是狂妄自大。因为这样的行为表明一个人掌握了只有从众神那里传来的真理。人们对现象的起源有一定的了解，当然也知道它的去向。或者——更糟糕的是——一个人从此时此地的一个特定点开始，就可以将其理解为逻辑叙述的历史；这一点如何从起源开始系统地发展成为我们今天所知道的现象。起源和目的论的概念密切相关。开始的定义和某个结束的想法是联系在一起的。

在现代天体物理学中，大爆炸理论就是这样一种决定性概念。在艺术和媒体领域，我们也可以举一个关于投影的例子。当前的投影实践被定义为使用某些光学技术系统地产生真实的幻象，并且一直是如此。[3]

弗里德里希·尼采（Friedrich Nietzsche）在关于科学的哲学思想中，提供了摆脱这种困境的方法，福柯在他后来的著作中对此表示赞赏。福柯的谱系学概念并不要求唯一的起源，一切都应该是从它开始发展；相反，它调查现象和痕迹的不同来源，并追溯不同的世系是如何发展的。

---

* 本章原文为德文，此中文版由英文文本翻译而来，承担德译英的翻译者是格洛丽亚·卡斯坦斯（Gloria Custance），在此表示感谢，也非常感谢丹尼尔·伊尔刚对于本文配图的支持。本章翻译：丁凡、曾琢、吴止境，审校：李麟学。

1. Foucault, Michel. 1977. Nietzsche, Genealogy, History. In *Language, Counter-Memory, Practice: Selected Essays and Interviews*, ed. D. F. Bouchard. Ithaca: Cornell University Press: 143. 25. Dagognet, *A Passion for the Trace*, trans. by Robert Galeta (MIT-Boston, Zone Books, 1992).

2. “在灭亡以先，必有骄傲；在跌倒以前，心中高傲。”（“Pride goes before destruction, a haughty spirit before a fall.”），引自《圣经》：Proverbs 16:18. Bible, New International Version.

3. 详见：S. Zielinski, Designing & Revealing: Some Aspects of a Genealogy of Projection, in: M. Blassnigg (ed.), *Light, Image, Imagination: The Spectrum Beyond Reality and Illusion* (Amsterdam University Press, 2012).

从这个角度来看，过去的过程和事件不仅仅是一劳永逸地确定的事实的集合。相反，过去在我们身后的东西变成了一个可能性空间，就像我们面前的空间也已经是这样。将过去理解为“潜在空间”，就如由英国儿科医生和精神分析学家唐纳德 · W. 温尼科特（Donald W. Winnicott）所描述的那样，它可以愉快地展开，这就意味着我们可以一次又一次地在旧事物中发现新事物。马丁 · 海德格尔（Martin Heidegger）甚至坚持认为，未来和起源是相同的。[4] 动画就有一个深远而复杂的过去，同样也有一个充满活力的未来。

2.2 语义场

就狭义的电影摄影而言，动画显然是一种异质现象，而不是技术美学理论和实践的一个案例。剪切动画(cutout animation)，图形动画(graphic animation)，沙动画（sand animation）和像素化（pixelation）只是一些用于创建二维图像现实之间运动错觉的技术名称。照片动画（photo animation）和全动画（full animation），就像传统的卡通一样，现在已经成为动画的子类型。我将把这一讨论留给相关专家们。我对动画这一轰动现象的兴趣涉及艺术、科学和技术的深层时间关系这一广泛背景。

从这个角度来看，动画是一个复杂而又绝妙的现象。这意味着它是由非常不同的现实维度组成的。人们也可以称这些维度为话语。那么动画将是一种话语间的现象。在它的棱镜存在中，哲学、神学、媒体理论、工程学、自然科学、技术、美学和伦理学的历史会相遇并重叠。现在就让我们描述并打开语义场（图版 1）[5]，来为动画创造一个自由空间，让

---

4. 参见艾尔玛 · 霍伦斯坦（Elmar Holenstein）的文章《我们起源的未来》（Von der Zukunft unserer Herkunft），引自：Elmar Holenstein, Von der Zukunft unserer Herkunft, in: *Perspektiven interkulturellen Philosophierens: Eine Bestandsaufnahme*. Festschrift für Franz Martin Wimmer (Vienna) zum 70. Geburtstag (2012).

5. 译者注：本章正文中的“图版”指的是文后“扩展动画—图像的简短谱系”，在齐林斯基看来文字和图像是两个谱系，应分开来看。

它可以作为一个轰动的现象发生并展开。

《阿尼玛和阿尼姆斯的动画》（Anima Animus Animation）是捷克超现实主义者伊娃·斯万克马耶罗娃（Eva Švankmajerová）和扬·斯万克梅耶（Jan Švankmajer）为1997年的布拉格联合展览取的名字（图版2）。在拉丁语中，阿尼玛（anima）指身体上的呼吸、风、空气，在比喻意义上是吹过人潜意识的神圣生命气息，非常接近灵魂的定义。在拉丁语中，阿尼玛也是阴性的；阿尼姆斯（animus）是它的男性对应物。这是一种构成男性灵魂的气息，也弥漫在女性身上。与亚洲和中国哲学一样，这主要不是关于生理性别差异及其相容性或不相容性。阴阳是相克的原则。在动画中，他们二者都会发挥作用。

在比喻意义上，阿尼玛和阿尼姆斯都代表生命原则和生命力。这些内涵也在“动物”中引起共鸣。阿尼玛和阿尼姆斯对于物质层面来说，都是陌生物。它们是物质的对立面，但同时它们为它提供了活力。如果我们稍微绕道一下所谓的身心二元论，就可以理解这个悖论，否则动画的概念就毫无意义。身心二元论的概念不仅限于基督教，而且也存在于伊斯兰教和犹太文化中。关于生命、生命体（bios）和机器（tcchnc，对古希腊人来说是艺术或工艺）之间的关系，它们都起源于神圣的动画原理（logos），我们可以构建以下操作层次：

在最顶端是不可言说的，它被赋予了一个名字（JAHWEH），这样它就可以发声。上帝绝对是静止的，同时创造了所有的运动。如果我们将全能上帝的概念投射到我们的语义场上，那么这就产生了万物的推动者。“Deus est semper movens immobilis——上帝是永恒的不动者”：这是中世纪著名著作[6]中24位哲学家对“上帝是什么？”这个问题的第

6. 12世纪的《24位哲学家之书》（*Liber XXIV philosophorum*），作者未知，2011年由库尔特·弗拉施（Kurt Flasch）从德文版翻译成英文，引自：Kurt Flasch (trans.), *Book of the 24 philosophers*. (Munich: Beck, 2011), p.64；参考弗朗索瓦丝·赫德尔（Françoise Hudr）近期进行的法语研究、文本和对《自由》的翻译，详见于 Bryn Mawr Classical Review 2010.10.11.

19 个答案。用技术术语来说，可以说上帝是永恒移动的元机器人。永恒的推动者也是动力（来自拉丁语 motus，运动）和万物的创造者。上帝创造了第一批人类[7]，他们由水和泥土构成，他们——因为上帝给了他们灵魂——傲慢地称自己为智人，并将自己置于所有其他生物之上。如此一来，心灵和身体之间最初的形而上学分裂就出现了，这在现实中无法克服，只能在电影和其他人造天堂的想象中才能被克服。笨拙、惰性的物质被形而上的灵魂感动，变成肉体，有了欲望和饥饿，挣扎，经历爱，然后死去。灵魂存在于人体内。因此，灵魂是一个自我驱动器，这就产生了一个复杂的神学问题。这个问题涉及自由意志以及它在全知概念中发挥作用的方式。用技术术语来说，可以说人类就是上帝的机器人。

根据托马斯 · 阿奎那（Thomas Aquinas，1224—1274）的理解，所有其他生物也是自我驱动的，但只是相对而言。他们没有通过理性（per rationis inquisitionem）被赋予“判断的天赋”，因此他们在动力活动中不是自由的，而是通过本能行动[8]。根据这位在死后 50 年被罗马天主教会封为的圣徒的说法，这些机器人是儿童和动物，或“野兽机器”，正如德里克 · J. 德 · 索拉 · 普莱斯（Derek J. de Solla Price）在一篇关于机械论哲学背景下拟像和机器人的优秀文章中所说的那样[9]。从基督教和西方的角度来看，他们的自由程度低于成年人。他们不是有意识地运作，而是遵循一种本能或权威的规则；他们按照程序行事。准确地说，他们不会自行移动，而是被推动的。动物和儿童机器人是上帝的次等机器人，

7.“神就照着自己的形像造人，乃是照着他的形像造男造女。”（So God created man in his own image, in the image of God he created him; male and female he created them.），引自《圣经》“创世纪”：Gen. 1, English Standard Version of the Bible, 2001.

8. 参见：von Aquino, Thomas. Summe der Theologie 1: Gott und Schöpfung. Neudruck der 3. Aufl age. Autorisierte Ausgabe. Übersetzt und herausgegeben von Joseph Bernhart. Kröners Taschenausgabe 105. (Stuttgart: Kröners, 1985): 233.

9. 参见：De Solla Price, Derek. 1964. Automata and the Origins of Mechanism and Mechanistic Philosophy. *Technology and Culture*, Vol. V, No. 1. (1964): 9-23.

排在中间等级的植物王国之后，是亚里士多德创造秩序的底层，他们被晶体和岩石等干硬物质占据，技术工艺产品就属于这一层。他们自己是没有生命的；他们不能移动。只有通过人类对这种材料的干预，通过植入人造灵魂并赋予他们生命，技术才能成为机器，然后成为机器人。最完美的机器人是永动机。几个世纪以来，人们一直在思考它，但从未成功建造出来，只是作为“有信仰的机器”[10]。

2.3 主题联系

如果我们把动画放在一个扩展的模仿生命功能的生命体或机器的范围内，我们就会发现一个迷人的主题结构，对我来说是与非凡的物体，作家、艺术家和发明家联系在一起的（图版 3）。这个世界充满了单身汉机器和机械新娘（马塞尔 · 杜尚），充斥着玩偶和假人、人体模型、提线木偶大师和皮影戏大师、假面舞会和悲剧表演。他们要么是皮格马利翁效应（Pygmalion Effect）[11] 的受害者，要么是把诱人的美丽作品作为他们痴迷的理由。

他们之中最伟大的欧洲英雄之一就是波兰诗人和艺术家布鲁诺 · 舒尔茨（Bruno Schulz，1892—1942），他在《码头兄弟》（*The Brothers Quay*）这部电影作品中庆祝了一场精彩的重生。他的《肉桂色铺子》[*Zimtläden*，是一本包含了同名故事的故事集，后以《鳄鱼街》（*Street of Crocodiles*）为英文书名出版] 中的主角是人造生物，商店橱窗的人体模特，诱人的拟人化衣架以及他在幻想世界中唤醒的神秘生物。当布鲁

---

10. 信仰机器（Die Glaubensmaschine）是一个由计算机秘密驱动的精妙的电磁装置的名称，由艺术家、音乐家斯芬 · 哈纳（Sven Hahne）于 2004 年发明并建造。

11. 译者注：皮格马利翁效应，又称罗森塔尔效应，是一种社会心理效应，由美国著名心理学家罗森塔尔和雅格布森在小学教学上予以验证提出。这种效应暗示在本质上，人的情感和观念会不同程度地受到别人下意识的影响，人们会不自觉地接受自己喜欢、钦佩、信任和崇拜的人的影响和暗示。

诺·舒尔茨在加利西亚小镇多罗毕其（Drohobycz）描述他的人体模型时（当时是奥匈帝国的一部分，现在属于乌克兰），阿根廷小说家菲利斯贝尔托·埃尔南德斯（Felisberto Hernández，1902—1964）在遥远的乌拉圭将他自己投入到了小说的创作中。兼任作家、钢琴家和临时工的埃尔南德斯以相当的诗意强度和被文学批评家称为“魔幻现实主义”的风格，正在创作一部关于“hortensias”的中篇小说，他称之为“优雅的橱窗模特”。Hortensia 是埃尔南德斯对这些人造美女的称呼，实际上是主人公心爱的妻子玛利亚的第二个名字，以及作者母亲年轻时的名字。[12]

汉斯·贝尔默（Hans Bellmer）原籍波兰的卡托维兹（Katowice），20 世纪 20 年代在柏林工业大学学习工程学。1933 年，他开始了他奇特的皮格马利翁项目。他用木头和黑色头发在柏林 - 卡尔霍斯特（Berlin-Karlshorst）地区的埃伦费尔斯大街（Ehrenfelsstrasse）8 号的一间底层小公寓里创造了一个迷人的娃娃，“作为对法西斯主义和战争前景，以及对社会有益的活动的停滞的抵抗，”贝尔默宣称。[13]1934 年娃娃的第一个版本仅仅包含一个媒体设备，那就是娃娃的肚子，除此以外“根本没有任何功能”[14]，这其实是一个自动化西洋镜。娃娃左胸上的一个按钮可激活旋转全景，通过肚脐，窥探者的凝视可以看到无耻的、技术制作的图像。整个对象可以理解为一个动画。1948 年，在流放到巴黎的 10 年后，贝尔默打破了长期的默默无闻（并结束了沉默的时期），在一本名为《玩偶游戏》（*Les jeux de la poupee/Die Spiele der Puppe*）的小册子中记录了他的项目。他的文字侧重于运动装置的机制和球形接头（图 2-1），贝尔

12. 参见：Graziano, Frank. *The Lust of Seeing: Themes of the Gaze and Sexual Rituals in the Fiction of F. Hernandez*. Cranbury, NJ: Associated University Presses (1997): 201.

13. 参见：Aufenanger, Jörg. Hans Bellmer und Unica Zurn. (Musenblätter, 2008). http://www.musenblaetter.de/artikel.php?aid=1864

14. 参见：Bellmer, Hans. Introduction to Le Jeux de la poupée/Die Spiele der Puppe (Paris 1949), Die Puppe. (Berlin, 1962): 52.

默在拜占庭甚至犹太神秘主义的自动装置中找到了它的前身：该装置的结构类似熏香炉，尽管摇摆不定，但仍能保持平衡。[15] 开头这个句子写于第二次世界大战爆发前，贝尔默对他的项目进行了有趣的解释：

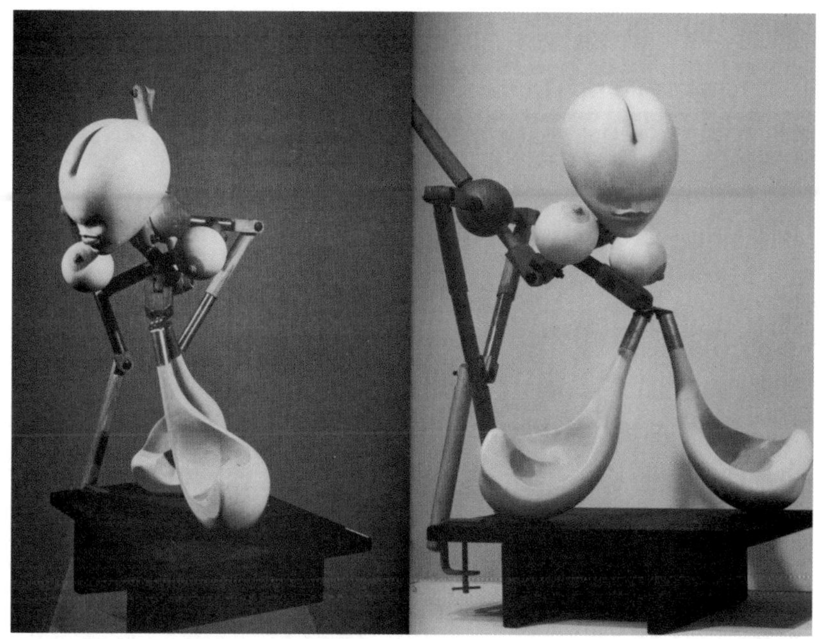

图 2-1　贝尔默的玩偶“优雅状态中的女机枪手”（1937 年）

游戏属于实验诗体裁，因此玩具也可以被称为诗歌激发者。最好的游戏不一定会寻求结果，相反，他们的激情一想到他们自己未来的不确定就会被点燃，就如同承诺一样。因此，最好的玩具是那些不知道任何预先确定的、总是相同的功能方式的玩具。玩具具有如此丰富的可能性和乐趣，就像最不起眼的布娃娃一样，具有挑战性，就像一根占卜棒，它面对世界，为了在周围听到人们一直期待的狂热答案，任何人都可以重复：“你”的突然而至的照片[16]。

15. 同上，49。
16. 引自贝尔默在《玩偶游戏》中的前言，其法文版载于贝尔默的《傀儡》（*Die Puppe*, 1962）中与诺拉 · 米特拉尼（Nora Mitrani）共同撰写的法语版本文本中，精妙的“Poesie-Erreger”（诗歌朗诵者）这样的表述却没有被包含在内。可惜德文版中也有许多错误。

布鲁诺·舒尔茨和汉斯·贝尔默只是两个例子，他们表达了对动画扩展概念复杂性的暗示。为了延续20世纪的波兰传统，戏剧导演塔德乌什·康托尔（Tadeusz Kantor）和他的《爱与死的机器》（*Machine of Love and Death*，1987）[17]绝对是其中的一部分。海因里希·冯·克莱斯特（Heinrich von Kleist）的文章《木偶剧院》（*Über das Marionettentheater*，1810）已成为现实世界动画师们的圣经，还有霍夫曼（E. T. A. Hoffmann）的故事《睡魔》（*Der Sandmann*，1817）及其轰动的人造人女主奥林匹亚。维尔·德·莱尔·亚当（Villier de L'Isle Adam）写于1880年代的《未来之夜》（*L'eve future*）也属于这类，当然还有托马斯·阿尔瓦·爱迪生的留声机说话娃娃。20世纪的先锋派延续了这种对工业时代人造物的迷恋。在马塞尔·杜尚（Marcel Duchamp）的《大玻璃》（*The Large Glass*，又名 *The Bride Stripped Bare by Her Bachelors, Even*，1915—1923）以"巧克力研磨机"为中心的单身汉机器的下层区域，也是由想象中的灵魂机器组成，就像上层区域的新娘也是一样。在20世纪下半叶的艺术中，贝尔默的《玩偶游戏》，在经历了从皮埃尔·莫利尼尔（Pierre Molinier）的讽刺作品到像于尔根·克劳克（Jürgen Klauke）、辛迪·希尔曼（Cindy Sherman）或英国的查普曼兄弟（Chapman brothers）等摄影艺术家，成为一个独立的子流派艺术家，参与到了生命艺术品和生命机器的创造中。

迄今为止，这个门类中的一个分支没有被充分探究，那就是可移动娃娃，考古学家们将它追溯至古埃及。德里克·德·索拉·普莱斯（Derek de Solla Price）在他写于1964年的文章[18]中写道，"原始万物有灵论可

---

17. 这也是西西里岛巴勒莫木偶博物馆（Marionette Museum in Palermo, Sicily）为纪念这位波兰大师而出版的目录的标题。

18. 参见：De Solla Price, Derek. Automata and the Origins of Mechanism and Mechanistic Philosophy. *Technology and Culture*, Vol. V, No.1. (1964): 11.

能是动画的根源”，他提到了用皮带移动的印度尼西亚皮影戏。在基督教西方，有一个强大而丰富的创造拟像的传统，例如，那些作为孩童基督和各种圣徒的替代品，可以被虔诚者触摸到（图版 4 和图版 5）。这些肖像是用木头精心雕刻而成的，经过了彩绘和装饰，并被赋予灵魂。意大利南部和西西里岛是一个有着丰富变化和真正围绕这些娃娃崇拜的地区。作为理想的基督身体的替代品，它们具有强烈的身体存在和明显的性内涵（图版 6）。迄今为止，艺术史一直将这些人工制品视为图像来进行研究，但是忽略了将它们视为三维触感。

2.4 技术史上的技术灵魂

物体需要能量来使它们运动，而有机或技术传输为运动物体提供了能量。技术特征取代了人类的灵魂。这种人造灵魂的最早形式是由水或空气结合基础力学制成的，通常是液压和气动的组合。机器的旋转部件直接由下落的水或产生气压的水容器提供动力，然后为移动物体提供动力（图 2-2）。在拜占庭、希腊和希腊化、亚历山大和美索不达米亚传统中，开发了大量这样的技术解决方案，在几个世纪的过程中——直到阿拉伯伊斯兰国家从 9 世纪到 13 世纪第一次复兴——变得非常复杂和精致。

最迟从 15 世纪开始，炸药和火在欧洲被用来激活无生命的物质。另一方面，烟火技术与所有现代机器和机器人的灵魂能量形式——电力和电子非常接近。最初，电仍然与磁的概念密切相关，电被认为能够移动任何东西，从这个意义上说，它甚至是宗教崇拜的对象。欧洲启蒙运动期间，在德国、瑞士和英国的物理神学传统中，电神学这种独特的运动发展了起来，其追随者认为电就是上帝在这个世界上的物质存在形态。

例如，约翰·弗雷克（John Freke, 1688—1756）是一位精通神学的英国外科医生，曾在伦敦市史密斯菲尔德的圣巴塞洛缪医院工作。他的专长是治

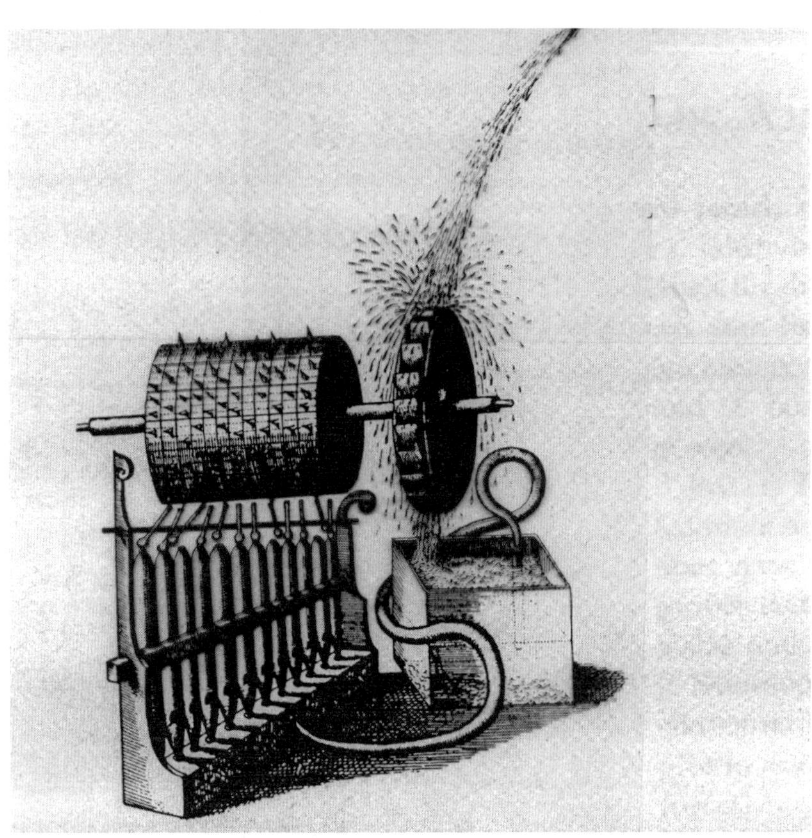

图 2-2 “奥奇勋爵”（Lord Auch）的插图

乔治 · 巴塔耶（Georges Bataille）在 1928 年出版他的另一本关于眼睛的小说时选择了“奥奇勋爵”这个笔名。在这幅插图中，上帝为它提供动力，并赋予它灵魂。罗伯特 · 弗拉德在 17 世纪初制作了这幅铜版画，显然是基于乔瓦尼 · 巴蒂斯塔 · 德拉 · 波尔塔 1601 年的三本关于气体力学的书中的一幅图画。

疗眼疾，他发明了许多医疗器械。他还发表了一篇关于电的早期自然哲学文章，引起了轰动，在这篇论文中，他从神学角度进行了论证：1746 年，弗雷克将他的“电学论文”（A Treatise on Electricity）寄给了伦敦的皇家学会。对弗雷克来说，电是存在于地下世界中最崇高的东西，是“自然的第一原理”，显然是所有运动的原因[19]。弗雷克还特别强调指出，“电气火灾”并非源自“设备”或其任何物理组件。相反，电存在于空气中，他将其称为“paebulum vitae”[20]，即生命的养料或食物。因此，对于弗雷克来说，电与所有生物有着千丝万缕的联系，它渗透到动物、植物和矿物中。它使血液发红，因此是“flamma vitalis”，即生命的火焰[21]。类似于罗伯特·弗拉德（Robert Fludd）对太阳的命名一样，弗雷克也喜欢将电称为“anima mundi”，即可见世界的灵魂或推动者。

在论文讨论技术的部分，弗雷克准确描述了带电物体遇到非带电物体时会发生什么。当电流从一个身体跳到另一个身体时，电火在听觉上发出“噼啪声”，在光学上发出“火花”[22]：这就是最早形式的电视听。然而，在弗雷克的序言中出现了电神学中最引人注目和最神秘的表述之一。有了电，人们就会立刻认识到“全能上帝的官员”（Officer of God Almighty）[23]。“官员”（Officer）一词不仅意味着执行一项功能，还包含指示器的概念：电成为全能上帝行动的视觉显示，是他灵魂的媒介。

我对动画主题案例的这样一个简短的谱系描述，不是根据技术灵魂的各种解决方案来构建的——这可能是一个有趣的替代方案——而是关

19. 参见：Freke, John. An Essay to Shew the Cause of Electricity and why some Things Are Non-Electricable. London : W. Inns, (1746): 59.
20. 同上，3-4。
21. 同上，4。
22. 同上，23。
23. 同上，前言 V。

于在“身体—灵魂”/“思想—物质”二元论的背景下描述的层次结构。它展示了一种技术文化结构的特定部分，我提出这种结构的目的是为了更广泛地理解那些令人激动的现象，并对其进行研究。

古体：通过技术干预使坚硬、干燥、有形的物质充满活力

“如果上帝的仆人只知道当地球充满活力时上帝是多么高兴，那么地球上就不会再有这么多贫瘠的地方了。”[24] 从历史可考之时开始，美索不达米亚曾经历过极度干旱，干旱伴随着它的整个历史。在美索不达米亚出现的所有机器，都是由来自耶济拉（El-Jezireh）地区的库尔德人伊本·拉扎兹·贾扎尔（Ibn al-Razzãz al-Jazarî，1136—约 1206）设计和建造的，他还创造了穆罕默德的荣耀以及代表地球的强大先知的荣誉，他们给了工程师任务。然而，许多机器的功能却超出了这个范围，与神圣的全能直接竞争。表面上看，他的许多液压和气动机器人的目的是让宴会上的客人尽快喝醉。然而，这些精致装置干预了现有的自然条件，并通过将干旱的地形变成了繁花似锦的景观，极大地改变了它们，使居民受益。为此，必须从最深处将水引到地表。这些都是最直接意义上的动画案例，即赋予生命的灵魂。这些设备的起源可以追溯到古埃及、拜占庭和希腊文明。

一个可编程机械心脏

阿拉伯—伊斯兰科学黄金时代中知识和学习的地理和政治热点是 9 世纪巴格达的“智慧之家”（Bait al-hikma）。其创始人哈里发马蒙（Caliph Al-Ma’mun，786—833）委托学者将大量关于自然哲学的古典希腊文本

24. 康拉德·马特肖斯（Conrad Matschoss）在他的著作《齿轮的历史》（*Geschichte des Zahnrads*，1976）中引用了一位不知名的阿拉伯学者的这句话。

翻译成阿拉伯语，并鼓励渴望知识的年轻人独立思考并通过实验接触世界。

从中受益的有穆萨·本·沙基尔（Musa bin Shakir）的三个儿子：穆罕默德（Muhammad）、艾哈迈德（Ahmad）和哈桑（al-Hasan），他们组成的小型合作社涵盖了整个科学领域：数学和几何学、天文学、自然哲学以及医学、音乐和工程艺术。三兄弟（三王子）以巴努穆萨兄弟（Banū Mūsā brothers）之名载入了科技史册。他们有机器人的伟大建造者亚历山大的赫伦（Heron）的文本，并将其从希腊语翻译成阿拉伯语。艾哈迈德被认为是三兄弟中最伟大的工程师。他被认为是他们在 9 世纪中叶写成的杰出著作《精巧装置之书》（*Kitab al-Hiyal*，英译名为 *Book of Ingenious Devices*）的主要作者。这本书包含：大约 100 个模型的草图和精确说明的纲要；各种人工制品、设备及其组件；动态雕塑和机器人。这里的机器人直接指的就是可自动移动的装置——由液压和机械操作的灌装及饮水装置；由气体驱动能发出声音的动物；可以自动加油的油灯；还有具有自我调节的防风罩，能够使火焰受到保护并一直保持燃烧。

显然，对巴努穆萨兄弟来说非常重要的一点是，事物应该是永动的，不会有任何中断。这能在他们的另一个杰出装置作品中看出，虽然它没有被收录在《精巧装置之书》的幸存副本中，但阿拉伯—伊斯兰科学的历史学专家将该装置的发明归于艾哈迈德王子。这个装置被简单描述为一个可以持续演奏的长笛——“自动演奏的乐器”（Al-alat illati tuzammir binafsiha）是巴努穆萨兄弟为他们的设备起的名字，强调了它作为机器人的特性[25]（图 2-3）。这个名字证明了他们为他们的技术赋

25. 参见：Farmer, Henry George. The Organ of the Ancients from Eastern Sources (Hebrew, Syriac, Arabic). London: William Reeves (1931): 88.

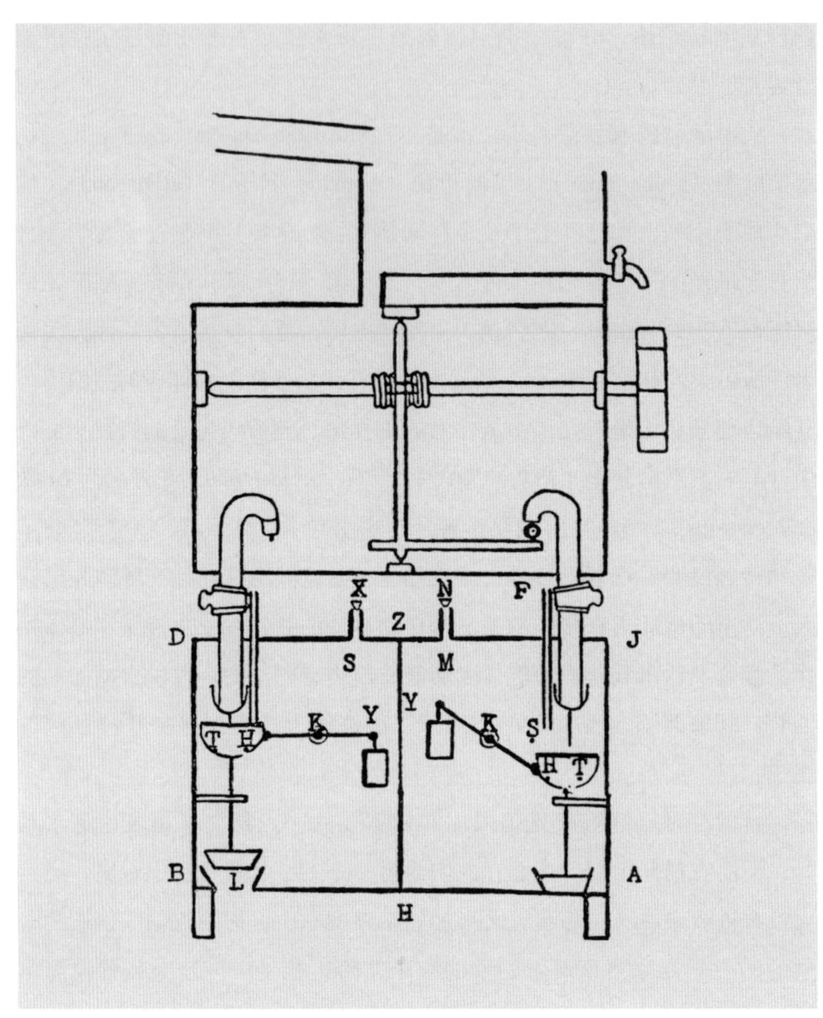

图 2-3　艾哈迈德的装置作品“自动演奏的乐器”（修复版）
图示中的 3 个池子分别为水箱、水轮机和阀门水箱、空气压缩水箱与开关

这是乔治·法默（George Farmer）于 1931 年在《来自东方的古代风琴》（*The Organ of the Ancients from Eastern Sources*）一书中的手绘，展示的是连续播放音乐机器人的液压和气动驱动部件，是关于销钉气缸的机械构造如何打开和关闭长笛阀门的图解。

予了普遍性意义。显然，他们希望他们的发明能够独立于任何特定的实现形式而依然被理解，例如这个长笛演奏者的装置，由水和气体驱动的小鸟和自动演奏的长笛组成。这些装置在中国古代文学、古希腊作家如阿基米德、几何学家和木匠阿波罗尼奥斯以及亚历山大的赫伦中都广为人知。关于机器的机制，技术上最先进的解决方案要归功于阿波罗尼奥斯，他已经开发了一种复杂的液压气动机构，使得他的拟人化人像可以无休止地吹奏长笛——只要有源源不断的水流就行。由于它是一种圆形结构，即第二个水容器装满的时候，第一个水容器正在排空，空气被压出，驱动长笛演奏者。从最直接的意义上来说，机器人应当具有恒定的能量供应。

巴格达"智慧之家"的三位王子不仅改进和开发了液压和气动机构，他们还描述并建造了一个完整的音乐机器人，可以改变音乐的节奏——甚至可以给它输入不同的旋律（图版 7）。法默在他对手稿部分内容的英译中，引用了巴努穆萨兄弟直白的意图："我们希望解释一种乐器……是如何制作的，它可以连续演奏任何旋律……我们希望，有时用缓慢的节奏……有时用快速的节奏，而且可以在任何我们希望的时候从一个旋律转换到另一个旋律。"

这个机器人的核心是一个液压驱动的气缸。圆筒的表面是木头或金属制成的带子，上面带有不同长度的小突出销。根据这些销钉在带子上的位置以及带子彼此之间的排列方式，机械动力传输会打开或关闭长笛的阀门、风琴的管道，或移动另一个发声元件。Prographein 的意思是规定（prescribe）。突出销在圆柱上的排列方式制定了音乐处方或指令、乐器的程序；销钉和带子是转译成硬材料的符号。这些硬件几乎与 500 年后中世纪晚期欧洲钟琴中使用的带有销钉的旋转圆柱体相同，甚至在更晚的第二次（欧洲）文艺复兴时期的机械风琴中也出现了，还见于那些启蒙时代用于书写的机器人和自动乐器中。我将在后面再次回到这些拟人化机器人上面来。当然，巴努穆萨兄弟的通用演奏机器人并不一定需要人形。

死亡在眼前：以一种似乎已经结束的方式使生活充满活力

中世纪的恐怖场景，特别是在基督教传统中，有一个特别突出的形象，并且在现代技术媒体时代经历了持续更新，那就是作为死亡寓言表征的骨架。人体骨骼——无论是静止的还是运动的——都是投影谱系中最受欢迎的类型之一。在投影早期的强大展示中，人们可以通过一种幻灯魔法（Laterna Magica）向观众释放令人震惊的效果，比如在 17 世纪，阿塔纳斯 · 珂雪使用了炼狱之火和死神的图片。在罗伯特 · 胡迪的魔术剧场中，无头骷髅属于标准剧目。乔治 · 梅里爱（Georges Méliès）用许多更粗俗的变种方式上演了死神戏剧。

“骷髅的筋斗”（La capriola dello scheletro）是来自帕多瓦的乔瓦尼 · 丰塔纳（Giovanni Fontana）给一个木箱型物体起的名字，这个木箱象征着一个石棺。箱子里藏着一个轮子，丰塔纳将其比作发条装置（图 2-4）。石棺盖上有凹槽，一具四肢可动的木骨架从凹槽中反复出现。当黑暗盒子里的轮子转动时——按照烟火浪漫主义者丰塔纳的装置世界的逻辑，可能预示着一场爆炸——它会自动移动“死者的关节肢体”。因此，伴随着巨大的喧嚣声，死者庆祝他们的重生，重新获得生命。由于整个装置的目的是用一个情感机器来吓唬敌人，所以未来那些军事行动的煽动者就得到了一个讽刺的提醒，可能有一些可怕的事情等待着他们。丰塔纳将装置的轮子想象成一个发条。“时间到了”（Time to watch）——罗兰 · 巴特用这个词来指代早期那些计时摄影的产品。丰塔纳旋转的骨架则讲述了一个关于死亡和复活的极简故事。

在荷兰物理学家克里斯蒂安 · 惠更斯（Christiaan Huygens，1629—1695）收藏在莱顿国立大学图书馆中的《全集》（*Oeuvres Complètes*）

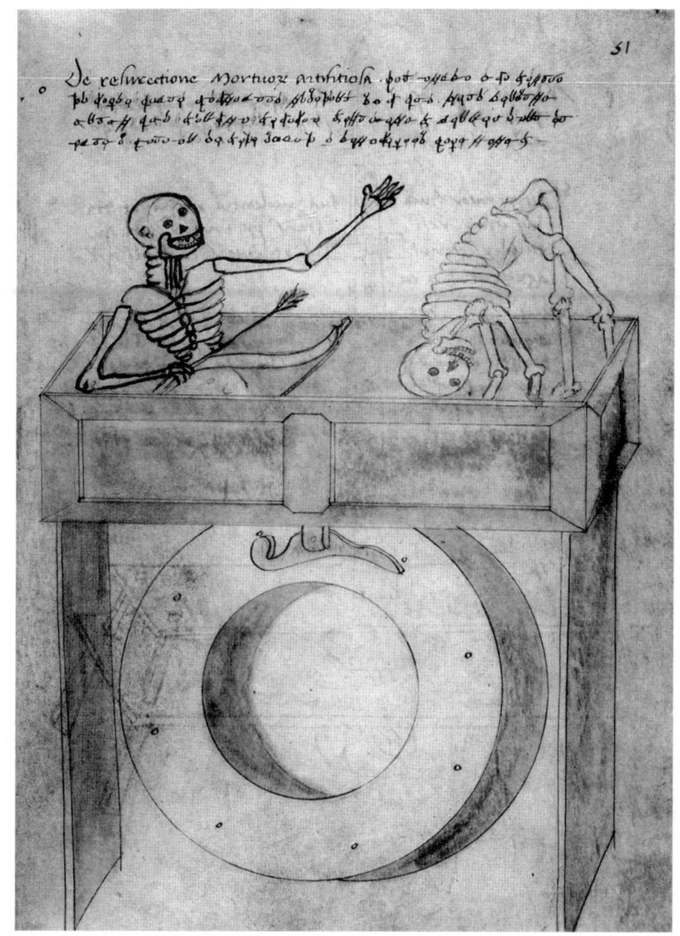

图 2-4　死者的人工复活

这张图上有丰塔纳的亲笔签名，大约是在 1420 年。除了机器的拉丁名“死者的人工复活”（De resurrectione mortuorum artifi tiosa）外，图片上方的文字是用密码写的，但是很容易破译。

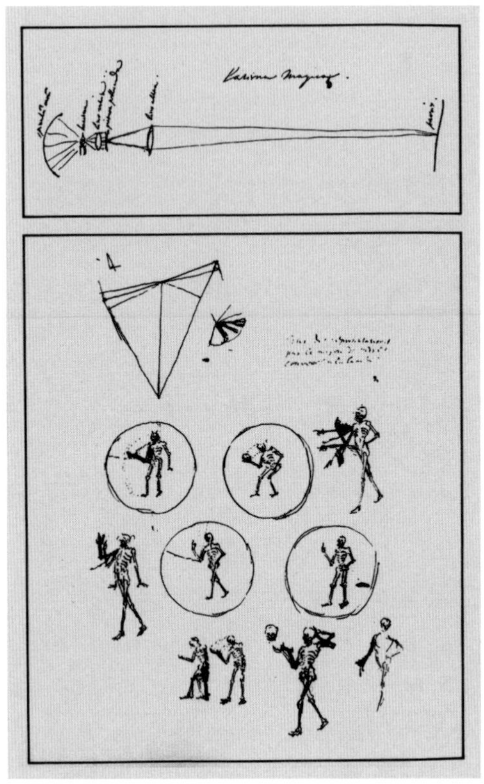

图 2-5　克里斯蒂安 · 惠更斯于 1694 年（上）和 1659 年（下）绘制的魔灯硬件和软件图纸

一书的第 22 个章节，我们可以发现一张 1659 年的平淡无奇的纸，上面有九幅做着不同姿势的人体骨骼图（图 2-5）。这些图纸中，并不能完全确定到底哪一张是由惠更斯用魔法灯笼（tovernlantaarn）投影到玻璃上的，我们只知道他确实这样做了。惠更斯在作品集的不同部分，都对"投影灯笼"作出了评论，在他去世前不久的一幅画中，他还对其勾画了技术草图。草图可追溯到 1694 年，上面的载玻片（lantaarnplatje）被称为"透明的图像"（pictura a pellucida）。

上帝的自动机按照他自己的模型构造低等物种：野兽机器 / 动物学自动机

从古埃及到拜占庭，从希腊到西南亚的阿拉伯—伊斯兰国家，啁啾的鸟儿、吐火龙或爬过地板的螃蟹，早已存在于各种文化之中。而最后一次是在欧洲第二次文艺复兴之后，智人在欧洲现代性中被认定为一个神圣的机器人，该物种成员试图创造代替他们同类的四维纪念碑。他们使用精密工程和机械制造了动力性物体，这些物体看起来就像是他们的创造者所创造的生物模型一般。比如可以看到和听到的时钟，因为现代的主机，就是保持规律和指示精确时间的发条。

这些机器人中，最粗俗的那些可以向我们展示消化和排便是如何运作的，就像雅克 · 沃坎森（Jacques Vaucanson）于 1735 年建造的那只著名的鸭子一样。因此，启蒙时代用恶臭和粪便宣布了它的到来。或者至少是在想象中，因为在现实中，鸭子没有消化任何东西。沃坎森实际上伪造了一个生物过程。在关于活体机器人历史的书籍中，我们已经看到了沃坎森对消化和拉屎的鸭子的令人作呕的描述和图片。但是，它们

图 2-6　查普斯和德罗兹的《自动化》一书中的鸭子装置作品
图片来源：Alfred Chapius and Edmond Droz. *Les Automates*. Neuchatel: Editions du Griffon, (1949) pp. 233–238.

通常还以图纸形式出现，与建造结构几乎没关系，并不涉及人工制品本身。我们只在阿尔弗雷德·查普斯（Alfred Chapuis）和埃德蒙·德罗兹（Edmond Droz）于 1949 年所著的《自动化》（*Les Automateds*）一书中才知道它处于危险的境地。我们在那里看到的只剩下骨架的鸭子是一个怪物 [图 2-6 (a)]，与瑞士艺术家让·廷格利（Jean Tinguely）建造的早期动力金属鸟没什么不同。第二次世界大战后，它作为技术垃圾幸存下来，之后才被完全报废。早期的描述揭示了动画的秘密。在功能设备的剖面图中，我们首先发现，我们识别出了类似于丰塔纳的骷髅戏剧的结构 [图 2-6 (b)]。鸭子吃球，球的运输和金属鸭翅膀的跳动，这些简易效果都是由一个巨大的驱动机构带来的。然而，它有组织的——也可以说是智能的——运动的核心是指挥整个装置的喇叭鼓，那是一个带齿轮的鼓，也就是我们很熟悉的巴努穆萨兄弟的带齿轮的圆筒。那个 9 世纪巴格达的人工制品 [图 2-6 (c)]。

在让技术野兽从事基本的人类活动之后，上帝的机器人，或者更确切地说是人类的工程师，将注意力转向了模仿活动，在此之前，这一直

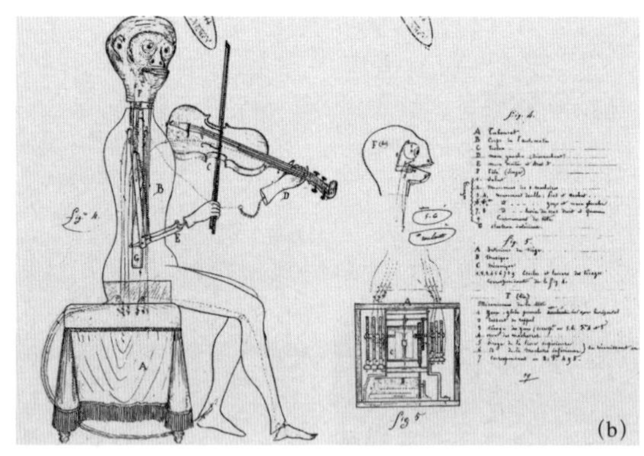

图 2-7 塞鲁德的“拉小提琴的猴子机器人”。(a) 一个会演奏音乐的猴子机器人；(b) 塞鲁德于 1862 年 7 月 22 日申请了该作品的专利，其中作品隐藏在座位上

被认为是智人的专属特权，比如写作、演讲、制作音乐，最终到思考（如下棋机器人的思考形式）。为了使上了技术发条的神器不会与永恒元机器的生物相互混淆，这些生物往往聪明且有灵魂，经常被赋予怪物的外观：鼓状的熊，咆哮的狮子和老虎，拉小提琴的猴子都属于这类野兽机器 [图 2-7 (a)]。有好几种模型存在。猴子作为聪明和艺术化身的神秘炼金术概念与上帝机器人的技术能力，以及它们不应创造他们造物主形象的诫命相互结合在一起，面目狰狞的生物是一个相对较新的机器人。1862 年，亚历山大 · 尼古拉斯 · 塞鲁德（Alexandre Nicolas Théroude）提交了“拉小提琴的猴子机器人”作品的专利，他的工作室位于巴黎的蒙莫朗西街，他是欧洲最好的机器人制造商之一。人造动物小提琴手的装置完全隐藏在座椅和猴子身体中 [图 2-7 (b)]。这部动画也是有关于情感的组织的。惊奇的观众根本看不到或听到那些自动效果发出的地方。这就像好莱坞经典电影中的野兽机器一样，是黑匣子戏剧。

图像 / 肖像：拟人机器

机器能够执行智人最高尚的活动之一，即用来书写的机器人，在他创造者的图纸中，看起来好像是上帝亲自创造的。这正是弗里德里希 · 冯 · 科诺斯（Friedrich von Knaus）为他的“会说话的僧侣机器人”第一个系列设计蓝图的方式。该人工制品源自图画顶部（图版 8）所示的那个不可言喻之物，即上帝的全视之眼符号，其眼睛被等边三角形包围的光线所包围。而黑匣子是打开的，人们可以研究机械心脏，它构成了冯 · 科诺斯所有型号的书写机器人的绝大部分的特征。

大约在 1560 年，一尊 39 厘米高的会说话的僧人玩偶被认为是最早可以相当精确移动的机器人之一，他既可以作为一个完整的人体，也可以以独立的四肢来看（图版 9 和图版 10）。它由一个键簧驱动，自 14 世纪以来，键簧就一直用于钟表技术。“僧侣在一个 60 厘米的正方形

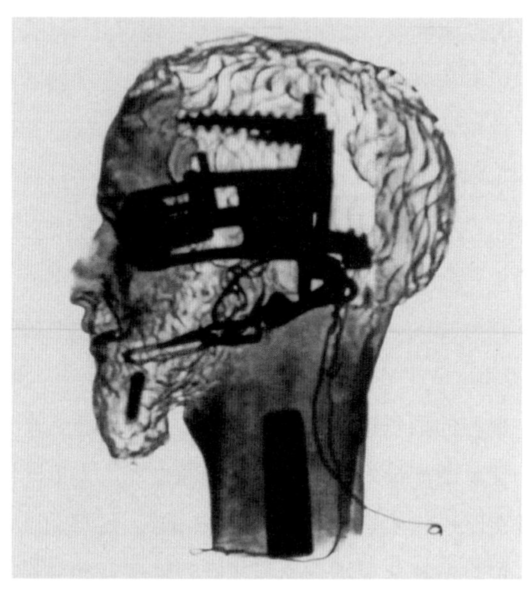

图 2-8　会说话的僧侣机器人，说话僧侣头部的 X 射线剖面图，显示大脑中的大螺钉以及用于嘴巴和眼睛运动的杠杆
图片来源：慕尼黑德意志博物馆。库存编号 1984-18；图片编号 BN28597

上滚动；当弹簧完全上紧时，他可以在广场上走上三圈。走路时，他的胳膊和脚会动，他可以转身点头，翻白眼，嘴里发出无声的谄媚……"[26] 机械灵魂就像控制程序一样被组织起来（图 2-8）。出于这个原因，"会说话的僧侣机器人"在慕尼黑德意志博物馆的数学仪器、计算机和微型计算机部分被展出。然而，真正机械拟人化的多面手直到大约 300 年后的启蒙时代才达到极致。权力理论家，如米歇尔 · 福柯，认为正是在这个时期，对人体的规训得到了最强有力的发展。贯穿拉美特利（La Mettrie）的《人就是机器》（*L'homme machine*，1747）或萨德侯爵（Marquis

26. 参见：Friess, Peter. Restaurierung einer Automatenfi gur. In Uhren, alte und moderne Zeitmessung. München: Callwey (1988): 40.

de Sade）的小说中那些高度组织化的身体，与当时出现的那些功能近乎完美的机器人（类人机器人精灵）的构造密切相关。因此，越来越精确的时间测量在技术美学上也代表了静态对象和图像时间化的一个重要维度，这些对象和图像可以被称为动画。

雅克 - 德罗兹 (Jaquet-Droz) 家族来自瑞士，这个国家是钟表制造和梭织高级机械艺术的发源地；在那里，机械大师还开发了最好的窄幅胶片相机 Bolex。直到今天，他们的写作、绘画和音乐机器人都被认为是创意机器人的原型，它们既优雅又符合审美要求。我将简要介绍“机械三重奏”作品中的女音乐家。古钢琴演奏者的身体设计得非常优雅，当它执行程序时，人们几乎能在想象中看到技术在呼吸，该程序通过隐藏她身体下方的固定圆柱体来工作 (图版 11—图版 13)。这就类似于 20 世纪智能机器被认为是我们如何以更快、更有效的方式思考的模型，这位来自纳沙泰尔的工程师雅克 - 德罗兹创造的女音乐家，展示了智人和游戏的人（homo ludens）应该如何在设备界面发挥作用：他们应该高度集中，就像丹尼尔 · 戈特洛布 · 施雷伯（Daniel Gottlob Schreber）的儿子一样直着背，完美、连续地掌握自己的运动技能，而且不会出现任何疲劳迹象。[27]

当旺达 · 兰多芙斯卡（Wanda Landowska）在完善她的羽管键琴技术时（图 2-9），莫斯科、圣彼得堡和喀山的实验室中，科学家们正在精确地观察和分析在人与技术仪器之间接口处发生的事件。[27] 他们的目标是改进涉及生物和技术身体的运动序列，并且将人机关系中的摩擦降至最低，消除事故、干扰和模糊。在拍摄时，测试者的四肢安上了磷光点，或用电线连接，以便以电磁的方式记录动作，并转化为图形图像，这是

27. 译者注：施雷伯病例是心理学领域的知名案例，即类妄想狂痴呆症。施雷伯是一位法庭庭长，作为父亲他发明了固定身体的仪器强迫子女使用用以控制子女的躯体，通过这种方式根除子女在行为与心理方面的“恶行”。

28. 在我的著作《媒介的深层时间》(*Deep Time of the Media*) 中关于加斯特夫的章节中详细讨论了这个问题。详见：*Deep Time of the Media* (Cambridge MA and London: The MIT Press, 2006).

图 2-9　演奏中的钢琴家兰多芙斯卡，1920

1942 年，犹太裔波兰人（后来归化为法国人）钢琴家兰多芙斯卡（1877—1959）为了躲避前进的纳粹分子，逃往美国。她在法国圣勒的家中，一切都被洗劫一空——古老的乐器收藏、手稿、藏书。她在普莱耶尔（Pleyel）为她制作的特殊乐器上演奏——她演奏得像机器一样精准，这段旋律有幸在她的历史性作品《完整的欧洲录音》（*Complete European Recordings*）中幸存下来。唱片公司（united archives/harmonia mundi）将这张专辑命名为《温顺的音乐家：旺达·兰多芙斯卡》（*The Well-Tempered Musician: Wanda Landowska*），并称“这位键盘天才”很好地诠释了巴赫的完美。

图 2-10　记录动作转化为图形图像的实验
图片来源：复制自安德烈·斯米尔诺夫（Andrey Smirnov）收藏在莫斯科特雷明中心档案馆的原始照片板

1925 年由 N. A. 伯恩斯坦（N. A. Bernstein）和 T. S. 波波娃（T. S. Popova）在俄罗斯国家音乐科学研究所（GIMN）主持的相关研究项目的照相底片副本。GIMN 与阿列克谢·卡皮塔诺维奇·加斯特夫（Aleksej Kapitanovich Gastev）的中央劳动研究所（CIT）合作调查劳动中的时间过程。

图 2-11　加尔瓦尼 1792 年的实验之一

艾蒂安 - 朱尔斯 · 马雷（Etienne-Jules Marey）、克里斯蒂安 · 威廉 · 布劳恩（Christian Wilhelm Braune）和奥托 · 菲舍尔（Otto Fischer）的传统做法（图 2-10）。绘画图形的电影运动可以被解释为生理学家和计时摄影师在 19 世纪末由发明的这种图形结构的再动画（Re-animations），它同被称为电影的运动图像概念的工业化相互平行。

死尸的（再）动画

18 世纪也被称为启蒙时代，因为在这一时期，工程师和物理学家成功地驯服了自然电力，并产生了人工的无形电能。在对自然电的研究中，动画实践发挥了重要作用（图 2-11）。直接地来说，意大利医生和物理学家路易吉 · 加尔瓦尼（Luigi Galvani，1737—1798）通过电流的影响，让解剖的青蛙、绵羊和其他动物的肌肉（即死肉）以令人兴奋的方式运动起来。他要么使用雷暴时自然释放的高压，要么对各种金属进行实验，

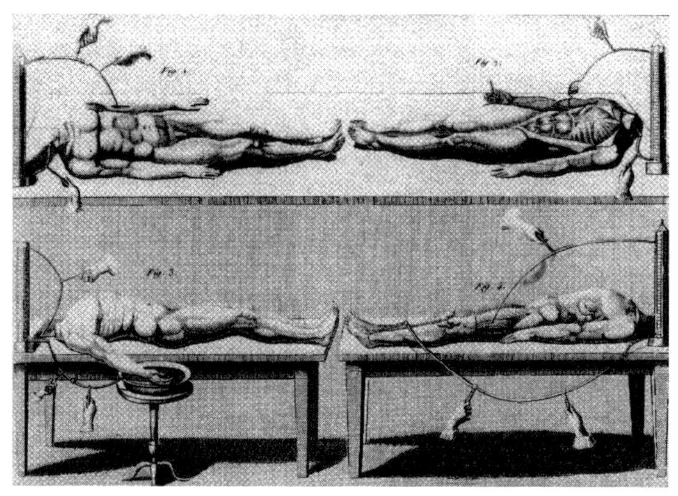

图 2-12　阿尔迪尼对一名被处决的凶手的电生理处理
图片来源：Aldini, J. General views on the Application of Galvanism to Medical Purposes; principally in cases of suspended Animation (London, 1819).

这些金属与电解质（动物肌肉中的含盐分的液体）接触，产生电化学反应。通过这种方式，动物的肌肉可以达到振荡器的状态，人们可以在其中观察到电荷。

乔瓦尼·阿尔迪尼（Giovanni Aldini，1762—1834）是加尔瓦尼的侄子，也是一个出色的表演者，他在用机器死而复生的残酷的文化道路上走得更远。他在欧洲部分地区巡回演出，尤其是在英格兰，举办了壮观的活动，向当时的政治、经济和科学领袖观众展示了电的强大力量。他于 1803 年 1 月 17 日在伦敦皇家外科医学院院长面前的表演，对我们现在所讨论的主题背景而言，尤其令人印象深刻。当时，他将一个被处决的凶手的尸块连接到一个大型原电池上，并以最直接的方式对其进行激活处理（图 2-12）：“为了让尸体颤抖起来，毗邻的肌肉被可怕地扭曲在一起，尸体的一只眼睛都被挤得睁开。在随后的过程中，他的右手抬起并且握紧，腿和大腿也开始运动”[29]。而用电击的方法来杀死活体是另一个极端。托马斯·阿尔瓦·爱迪生（Thomas Alva Edison，1847—1931）不仅制作技术装置，他还公开展示了如何使用他的竞争对手尼古拉斯·特斯拉的交流电，来产生致命后果。从基督教的角度来看，一个人的生理死亡也就意味着灵魂离开了之前神圣的身体容器，并升入天堂。

在工业化的顶峰时期，纪尧姆·杜兴·德·布洛涅（Guillaume Duchenne de Boulogne，1806—1875）因为以他的名字命名的肌肉疾病而永垂不朽，他通过实验发现了肌肉的特定运动是如何让人产生面部表情的，并且在一部情感和相关面部表情的百科全书当中将它们系统分类。他将电极连接到面部肌肉的某些点上，引发肌肉收缩，并让它们产生快乐、痛苦、抑郁和恐慌的表情（图 2-13）。到 20 世纪末，计算机动画

图 2-13　布洛涅面部电击操作的两个示例
图片来源：纪尧姆·杜兴·德·布洛涅《人体面部表情的机制》（*The Mechanism of Human Facial Expression*，巴黎，1862 年）

29. 关于电疗法，伊万·里斯·莫鲁斯（Iwan Rhys Morus）在他的著作《灵丹妙药》（*A Grand Universal Panacea*）中分析了使用 19 世纪末实施的交流电的执行方法。当然，这些代表了复活原则的颠倒。参见：Morus, Iwan Rhys. 2002. A Grand Universal Panacea. In Bodies/Machines. Oxford: Berg (2002): 97.

也开始沿着类似的路线工作，主要区别在于，动画中的面部是基于数学计算的图像结构，并不属于真实的身体。

歇斯底里和受折磨的身体的动画。身体作为媒介和机器的延伸，计算物理

甚至可以说，从那时起一切都成为电影了。这样我们就可能专注于过去 120 年以来各种电影动画的变体。电影作为一种新的文化技术在逐渐衰落的工业时代兴起的同时，以及后来与电影技术的电子变体相互平行，还有许多其他主题领域也应该从动画的扩展概念来进行研究，我只能在这里简要介绍一下。

保罗 · 里奇（Paul Richer）在 1880 年代的纲要图中提出的“严重的、全面的、经常性的歇斯底里发作”[30] 的图表，该图表因为乔治 · 迪迪 - 于贝尔曼（Georges Didi-Huberman）的引用而闻名，[31] 这张图表也可以被解读为符号在 1920 年代后期逐渐确立。在电流的帮助下，大脑的电磁状态可以被干预，以实现所需要激发的心理—生理效果。在早期德国广播的实验实践中，动物身体作为媒体的形式使用呈现出了怪异的情况。1924 年，德国官方广播杂志《德国电台》（*Der Deutsche Rundfunk*）报道了一系列实验，其中蚯蚓作为很好的一种导体，被用作声学环境中的生物激励器 [图 2-14 (a)]。延续加尔瓦尼实验的传统，1924 年，一位德国工程师又严肃地提出了一种电报设备，在这个设备中，带电的青蛙腿用来作为信号传输的活膜 [图 2-14 (b)]。20 世纪 30 年代开发的抽筋电

---

30. 引自：Didi-Hubermann, Georges. Erfi ndung der Hysterie. Die photographische Klinik von Jean-Martin Charcot. Trans. Silvia Henke [from original, Invention de L'Hysterie: 37. Charcot et L'Iconographique de la Salpetriere Paris: Macula, 1982] München: Wilhelm Fink (1997): 137.

31. 参见乔治 · 迪迪 - 于贝尔曼关于歇斯底里症的研究。值得一提的是，我们看到了他对 1881 年典型位置和“变体”的“全面和规则的歇斯底里大攻击”的概要描述，详见 Didi-Hubermann, Georges. Invention de. Charcot et L'Iconographique de la Salpetriere Paris: Macula, (1982): 114–115.

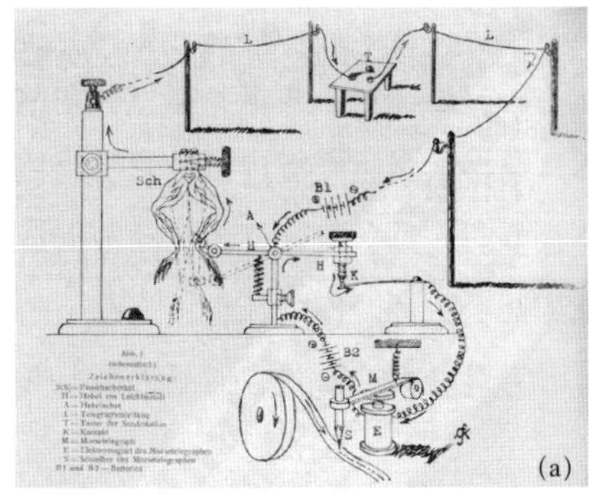

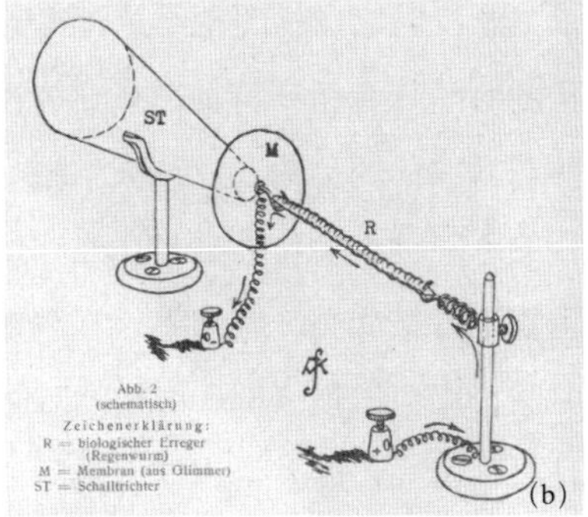

图 2-14 生物刺激器

图片来源：（a）: Der Deutsche Rundfunk, 1924. R, biological exciter; M, membrane; ST, acoustic funnel.；（b）: Der Deutsche Rundfunk, 1924.

疗法是一种对大脑运动或静止状态进行操纵和动画干预的形式，这种方法至今仍存在争议。在其中，人的身体和灵魂被束缚在物体上而退化了。安东尼 · 阿尔托（Antonin Artaud）在精神病院接受多年治疗后完全崩溃，这是这种工具化效果的众多雄辩证据之一。

从第二次世界大战期间对身体的严格训练，到语法人（the grammatical man）的建立——即通过语言和知识高度组织化的个体——我将以 20 世纪 90 年代初的一个实验结束这个部分。与此同时，受过训练的个体通过电子网络相互连接并被注射镇静剂，他们通过消耗数字身体库的图像，并通过电子传感器刺激身体运动。现在，在直接意义上，媒体联系已经实现了“按摩”的效果，就像马歇尔 · 麦克卢汉（Marshall McLuhan）在 20 世纪 60 年代所宣称的那样，尽管他是在隐喻的意义上使用这个词。

当我们达到这里时，我们已经描述了扩展动画谱系中一个完整的椭圆，这就是它发展的特征。从这时开始，通过算法来控制移动物理硬件的想法变得有效。

但我们应当优美地结束这个篇章。在自动和发声的机器人中被具象化的时间具有循环特征。只要为机械心脏提供能量，机械身体就会定期执行其编程的运动。评估人工生命体复杂性的最重要标准是，它可以执行的不同种类动作的数量。当它运作良好时，这种复杂性就让动画人造生物变得很优雅，我们可以在其中看到甚至听到时间的流逝——我们的时间，克罗诺斯（Kronos）的时间。因为机器人的时代趋向于无限，并且可以远远超过人类的寿命。

带手鼓的西班牙舞者（图 2-15）是 19 世纪下半叶制造的一种简单的音乐机器人。她做了四个动作：

随着钟摆运动，上身从左到右，从右到左摆动。从技术上讲，这是由偏心板产生的一个简单正弦运动。舞者的头部向左右倾斜，与身体的运动方向相反，从而增强了动作的优美。当上身向右摆动时，舞者伸出纤细的手指轻轻抬起她弯曲的左臂。右下臂快速转动，使手鼓发出叮当声。一个忙碌的之字形运动与慢得多的摆动运动相结合。用专业术语来说，躯干的连续正弦运动与左臂和头部的简单运动相连，可以用长频率来描

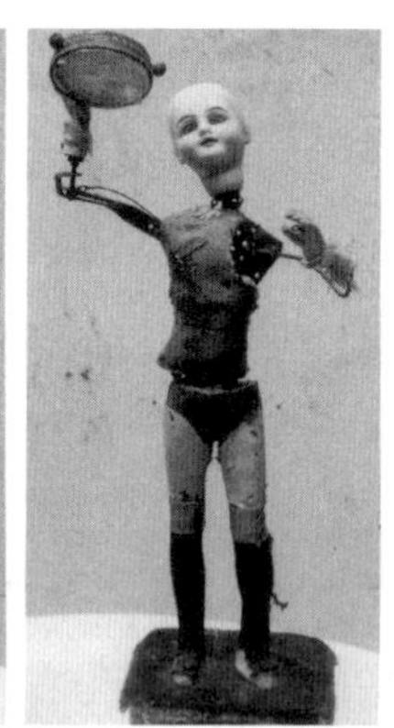

图 2-15　带手鼓的西班牙舞者

述。与此相反的是右下臂的快速前后运动，在运动的第一阶段，反冲弹簧被压缩，然后在运动的高潮时被释放，从而加快了手鼓的摇动速度。[32]

两种速度的相互作用就是这个机器人优雅的秘密所在。因此，在很大程度上，它是时间的生产和感知。生动体验的丰富性主要在于不同时间模式的相互作用。只有当这两个主要的时间图形被抵消，并因此被韵律化的时候，有限时间（Kronological）和无限时间（Aionic）的张力到了临界点，才可以忍受。我找到的最简单的一个演示是用于魔术幻灯投影的彩色镶嵌玻璃画（图版 14）。它起源于 19 世纪中叶，在当时，简单的投影技术被所谓的插页所扩展。通过一个简单的分解，优雅的手鼓舞者变成了骷髅，从而将我们带回到了这趟谱系之旅的开端——青春的美丽伴随着死亡的阴影，正如马丁 · 海德格尔喜欢说的那样，被抛入生活，我们就在走向死亡。

意识和自由意志是互补关系中的两极对立面，它们都需要彼此。在程序及其与想象力和直觉的关系方面也是如此。个人的行为被整合到命令和指示的文化中，想象力和直觉总是试图跨越和打破规定的约束框架。无论何时何地，这种越界只要成功了，人造生命物体就获得了灵魂。

32. 参见：Christian Bailly, *Automaten: Das Goldene Zeitalter 1848–1914* (Munich, Hirmer, 1988).

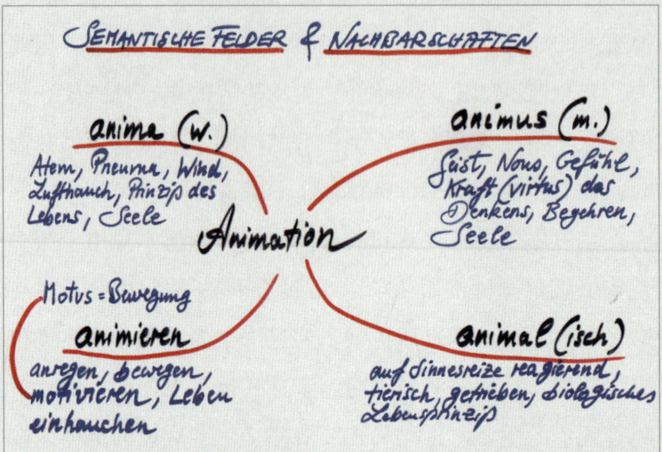

图版 1　动画所属的语义场：语义场和其关系。图版由作者绘制，包含：阿尼玛（w）：呼吸、气喘、风、微风、生命原理、灵魂；动画：刺激，移动，激励（motus 即运动），生活，呼吸；阿尼姆斯（m）：精神，理性，感觉，思想的力量（virtus），渴望，灵魂；动物（性的）：对感官刺激的反应，动物性的，驱动的，生命的生物学原理

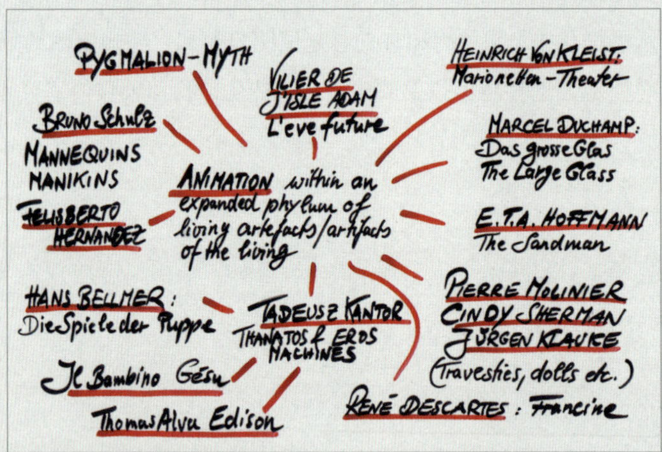

图版 2　专题领域，由作者绘制

---

* 译者注：齐林斯基在编排这章的逻辑是文字和图像的谱系分开阐述，此处的“图版”（Plate）是其整理的图像家谱的呈现。

图版 3　1996 年由史云梅耶（Švankmajers）制作的动画男人和动画女人的可触摸的物品

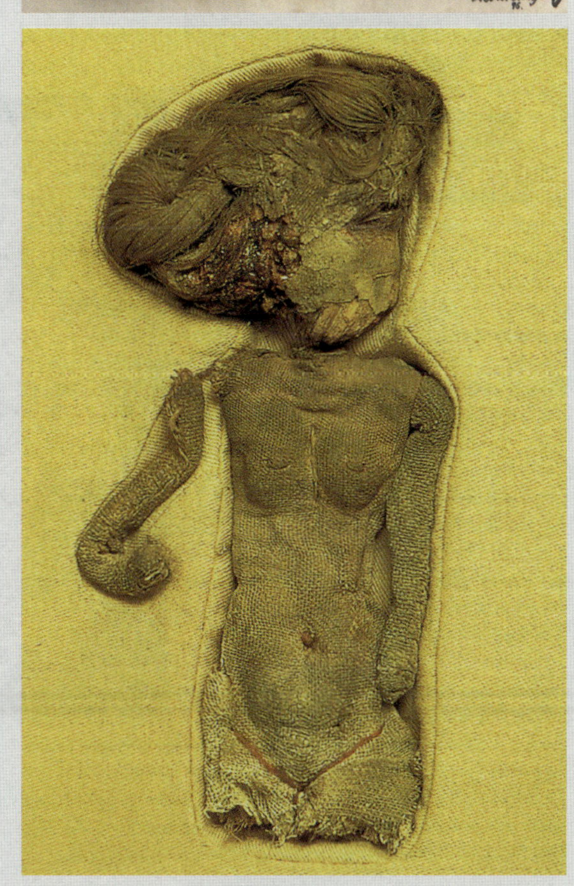

图版 4　来自公元 4 世纪哈瓦拉的四肢可活动的埃及娃娃。（© 皮特里埃及考古博物馆，伦敦大学学院，UC28024）

图版 5 “小国王”：一个人造的婴儿耶稣像雕像，材料使用彩绘的木头、玻璃制作的眼睛和天然纤维作为头发，它被创造为一个充满宗教激情和渴望的可爱物件；制作于意大利南部，18 世纪末

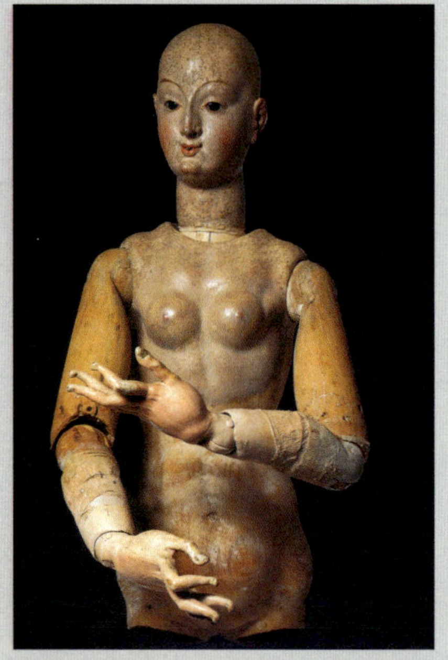

图版 6 17 世纪关节可活动的裸体圣徒娃娃，可能来自意大利西部或法国。“娃娃头部的眼睛是通过在玻璃上反向绘画制成的，并通过在鼻子和嘴巴钻气孔的方式使之栩栩如生。”[引自 Ebenbilder , ed. Jan Gerchow, Ostfildern-Ruit: Hatje Cantz, (2002): p. 25.] 该物品由私人收藏

图版 7 永久长笛演奏者：由巴努穆萨兄弟（Banū Mūsā brothers）在 9 世纪中期的巴格达制作的音乐机器人的可编程机械心脏 [在法兰克福阿拉伯伊斯兰科学史研究所法特 · 塞兹金（Fuat Sezgin）的指导下重建]

图版 8 弗里德里希 · 冯 · 科诺斯的自动书写机，于 1760 年 10 月 4 日在维也纳法庭上展出（维也纳技术博物馆，库存编号 14069）。摄影师：彼得 · 塞德拉切克（Peter Sedraczek，TMW）

图版 9　自动布道的木制僧侣机器人，存放于尼黑德意志博物馆（约于 1560 年在西班牙或德国南部制造）。（慕尼黑德意志博物馆，库存编号：1984–18；图片编号：R3102）

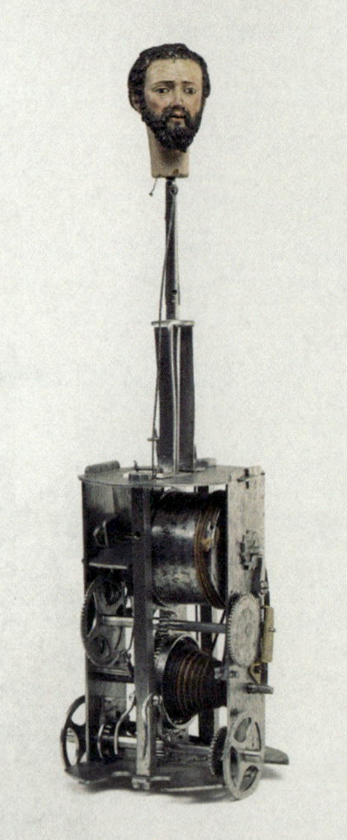

图版 10　带圆盘的传动轴系统，用于控制眼球运动。（慕尼黑德意志博物馆，库存编号：1984–18；图片编号：BN45801）

图版 11　《音乐家夫人》(*The Lady Musician*)，1774 年由亨利 · 路易斯 · 雅克 - 德罗兹制作（瑞士纳沙泰尔艺术与历史博物馆，库存编号 AA1）。照片来源：S. Iori

图版 12　《音乐家夫人》，1774 年由亨利 · 路易斯 · 雅克 - 德罗兹制作。该装置水平内置了可运行程序的凸轮圆柱体（瑞士纳沙泰尔艺术与历史博物馆，库存编号 AA1）。照片来源：S. Iori

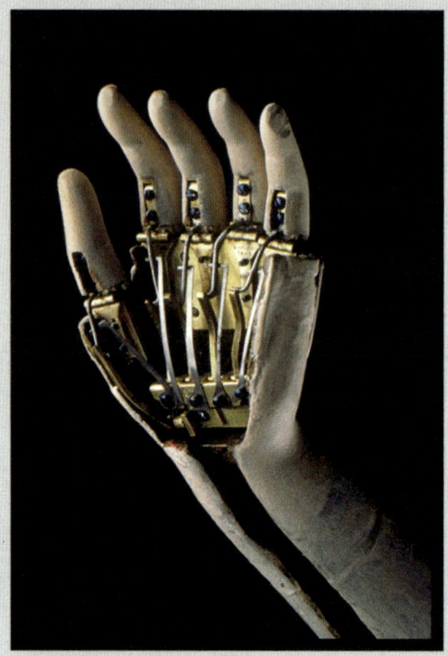

图版 13 《音乐家夫人》，1774 年由亨利 · 路易斯 · 雅克 - 德罗兹制作。从手掌到手臂剥离的裸露机械（瑞士纳沙泰尔艺术与历史博物馆，库存编号 AA1）。照片来源：S. Iori

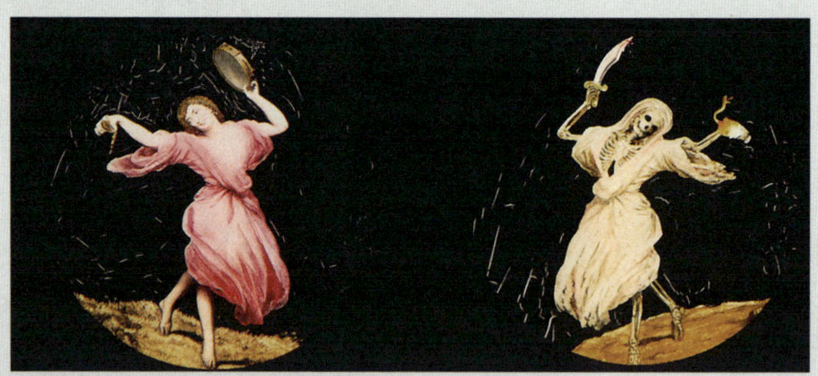

图版 14 绽放的生与死：不同之处是两个图像之间的间隔和时间。分解的场景“生死之舞”（Dance of Life and Death）。木制框架，尺寸 10.5 cm × 17.5 cm。感谢 © 德国科隆布雷克拍卖团队提供 ©2012（www.Breker.com）

3

走向“南方现代性学会”

有意义的范式转向，而非范式更迭*

研究：积累；

写作：弃置。

——费希特[1]

在欧洲中世纪以及现代早期，非洲大陆最深处的城市是位于马里（Mali）的廷巴克图（Timbuktu），它与古埃及文明亚历山大（Alexandria）和开罗以及更东边的美索不达米亚的巴格达和巴士拉都有交往。廷巴克图逐渐发展成伊斯兰学术中心，它拥有巨大的清真寺、一所大学和一座图书馆，这些设施使得在今天，即便非洲遭遇了欧洲人难以想象的巨大的经济和社会问题，其中的伊斯兰学术遗产仍能得到有效培育和保护。在马里的政治环境允许的情况下，如果我们的"变体学"研究（variantological research）能为廷巴克图做出重大贡献，那么我们将会在那儿举行我们下一次"艺术、科学和技术的深层关系"研讨会。以下文本被构想为一种姿态，一种吁求好客的姿态——当然前提是这种好客是隐而不显的。

3.1 仁慈与宽恕

特博霍·马赫拉西（Teboho Mahlatsi）来自南非的一座小镇，他在当地学校的电影院里熟识了意大利西部片，以及其他类型的流行电影。20 世纪 80 年代末，马赫拉西到约翰内斯堡学习电影。2007 年，他制作了一部自己的南非西部片，更准确地说，应该是南方风格的西部片。这部短片叫《少年的奇幻风琴》（*Sekalli Le Meogko*）。这部只有 16 分钟的作品是一场由强烈的声音与图像构成的神奇盛宴。从这个词的直接

---

* 本章翻译：张艳，审校：李麟学、丁凡。

1. 引自：Hälfte des Lebens. Leonore Mau: Hubert Fichte (Hamburg, 1996), p. 123.

意义来说，它是一次势不可挡的电影事件，因此同样也是一部在评论家中颇具争议的电影。马赫拉西在这部电影中对莫扎特歌剧《魔笛》的主题进行了独特的诠释。影片讲述了单恋、受迫害者、权力的残酷、反抗、南非的惊人之美，以及最重要的，音乐和宽恕的救赎的力量。马赫拉西在莱索托的山区拍摄完成了这部电影，这片山区是一片原始景观，对南非人来说带有神秘和魔力的光环。电影大部分演员都来自塞蒙孔（Semonkong）山村，在那里，时间似乎都停滞了（图 3-1）。

图 3-1　来自南非的年轻明星演员姆杜杜兹·马巴索（Mduduzi Mabaso）扮演影片中的棍子斗士克古索。马巴索因在《卢旺达饭店》（*Hotel Rwanda*，2004）中扮演角色而享誉国际，这是特瑞·乔治（Terry George）拍摄的关于卢旺达大屠杀的故事片
图片来源：New Crowned Hope, catalogue (Vienna, 2006), p.118.

影片主角克古索（Kgotso）成长于佛教文化的核心地带，他小时候被遗弃在山林里，在养母的悉心照料下长大成人。养母在影片的一开头便去世了，从此克古索开始独自生活，即便是如此糟糕的情况下，他依然想将养母给予他的爱奉献给世人。他变成了一个勇敢的战士，在别人需要的时候便伸出援助之手。当马背上的强盗偷窃和杀害农民的动物，强奸他们的女人时，他便出手济困扶危。他还是一个生性敏感的音乐家，可以用他那把装饰精美的手风琴弹奏出美妙的音乐。在一次营救行动中，他爱上了村庄里长老的女儿，她是一位非常美丽的年轻女子，强盗首领把她抓起来，引诱这位棍子斗士进入陷阱。克古索在这次行动中身负重伤，之后在村民的护理之下逐渐恢复了健康。但他心爱的女子从此却变成了夜之女王。她背叛了克古索，并且逃避这个世界，遁入了内心。克古索将这位被诱惑的妖妇从疯狂中解救出来。他带她去了那个她曾经背叛他的地方，那也是他差点被盗贼杀死的地方。这时，凶残的匪徒又再次出现了。棍子斗士激昂地演奏他的手风琴，把它作为武器，打败了强盗，也把美丽的女子从冷漠中解救出来。在高度情绪化的音乐中浮现出救赎和宽恕的主题。

电影导演马哈曼特 - 萨雷 · 哈隆（Mahamat-Saleh Haroun）来自乍得的阿贝歇。2006 年，他在自己饱受内战蹂躏的国家拍摄了一部名为《旱季》（*Daratt*，图 3-2）的剧情片。在这部令人震撼的电影中，哈隆并没有将镜头瞄准这场殊死斗争中那些不共戴天的敌人的坦克和枪支。他对战争报道中那些常见体裁全都视而不见，并拒绝与全球运作的新闻机构和电视台的普遍观点发生任何关联。相反，他让我们看到了本应该远离战争及其后果的可能性。哈隆将无情的紧张局势呈现为一个道德和政治的乌托邦，并致力于阐述不可能性。他的故事将复仇的文化义务和巧妙拒绝复仇这二者结合在一起。这部作品涉及无与伦比的同情和悲悯。主导的间接意图（dolus eventualis）理念（即，当预见到某一特定后果或情况的可能，但却不顾后果地无视它发生的结果）遭遇了另一种作为可能现实的圣恩意图（gratia eventualis）理念，如此一来，电影就变成了一个很特别的“天堂机器”（paradise machine）[2]。

在《旱季》开头，一位身穿漂亮绿色长袍的眼盲老人正在沙漠某处的村子里呼唤一个叫阿提姆的人。一个乡村小男孩听到他的呼唤，急忙跑来。两人在收音机旁坐下。国家广播电台正在宣布，在政府保护下，将对战犯进行大赦。老人和小男孩被震动了：因为，老人的儿子，也就是阿提姆的父亲，当初正是受害者之一。老人将一把沉重的手枪交在他孙子的手里，命令他必须找出杀害他父亲的凶手，并杀死凶手为他父亲报仇。村子里听到了一声枪响。当一切恢复平静时，男孩离开了爷爷。在村庄的广场上，他目睹了一场枪击后的景象：鞋子散落一地，尸体都不见了。阿提姆早就忘记如何欢笑了，或者说他从来没有被允许去学习过笑容，他捡起了其中的一只鞋，开始寻找他的仇敌。在镇上，阿提姆遇到了杀死他父亲的人，他是一个老面包师。阿提姆心怀疑虑地跟着他。他发现这位老人每天晚上都会去清真寺做祷告，每天晚上，他都会把没有卖完的面包分给那些贫穷的孩子们。面包师收留了阿提姆，并教他烤制面包的秘诀。老人逐渐对阿提姆产生了深厚的感情，并提出要收养他

图 3-2　17 岁的学生阿里 · 巴卡 · 巴尔凯（Ali Bacha Barkai）所扮演的阿提姆在距离乍得首都恩贾梅纳（N’Djamena）350 公里的毛村见到了他的祖父。由于内战，《旱季》（*Daratt*）的拍摄不得不多次中断
图片来源：New Crowned Hope, p. 118.

2. 这个术语摘自 Otto E. Rössler, *Flammenschwert* (Bern, 1996), p. 44.

为养子。让阿提姆接管面包店，并照顾面包师年轻的妻子，面包师妻子也很喜欢阿提姆。在阿提姆同意之前，他就带着老面包师陪他去他祖父居住的沙漠村庄。之后的镜头里，老面包师跪倒在盲人爷爷面前。阿提姆扣动他的左轮手枪，发出一声清晰可闻的枪响，阿提姆终于把枪指向了杀害他父亲的凶手的头部，但是突然，阿提姆把枪举到头顶之上，并向空中开了一枪，面包师被枪声所震慑，仿佛被击中一般瘫倒在地。年轻的阿提姆终于放下了两位老人之间的仇恨：要求复仇的盲人爷爷和曾经的罪犯，现在，这位罪犯也成了受害者。阿提姆无法接受杀死他来为父报仇的行为，他决定打破由复仇动机产生的恶性循环，并开启走向新生活的可能性：远离杀戮的必要性，并走向宽恕。

彼得 · 塞拉斯（Peter Sellars），一位勇敢的西方歌剧院的革新者，邀请了七位来自不同文化背景的国际艺术家为 2006 年维也纳的莫扎特纪念周年创作一部全新的电影作品。这一组合是不同寻常的：尤其是在美学和世界观方面，电影应该像这位奥地利作曲天才的晚期歌剧一样大胆而勇敢。受邀电影导演分别来自印度尼西亚、伊朗、马来西亚、中国台湾、巴拉圭、泰国、乍得和南非。[3] 但是根据维也纳的地理位置来看，这些导演都可以说都是来自遥远的东南部和南部。

3.2 “世界的历史就是自由意识的进步”[4]

1804 年的第一天，位于加勒比海岛屿上的海地宣布独立。在此之前，经过 13 年的艰苦战斗，许许多多民众在战斗中丧生。1791 年 8 月，当

3. 整个项目被称为“新加冕的希望”，在同名目录中有详细记录（Vienna, 2007）；该项目的制片人来自伦敦照明（Illuminations London）的西蒙 · 菲尔兹（Simon Fields）和基思 · 格里菲斯（Keith Griffiths）

4. “Die Weltgeschichte ist der Fortschritt im Bewusstsein der Freiheit”, Georg Wilhelm Friedrich Hegel, Vorlesungen über die Philosophie der Weltgeschichte. 1. Band: Einleitung – Die Vernunft in der Geschichte, p. 40;

地的岛民和从非洲贩卖而来的奴隶在法国殖民地圣多明哥的首都太子港展开了有组织的反抗殖民统治者的起义。海地是拉美州第一个宣布独立的共和国。当地居民战胜了强大的法国及欧洲邻国，后者曾多次介入殖民地和被殖民地之间的冲突当中，尤其是西班牙和英国。[5]在所谓的北美“新世界”，奴隶起义产生了直接影响，并激发了其他地方许多起义和冲突。在“老”欧洲，这一非同寻常的事件受到了密切关注和评论，欧洲仿佛受到了剧烈冲击。曾经不可想象的事情已经发生了；这与当代西方人的想法完全不相符合：黑人还是解放了自己，尽管白人一直在抗拒这件事情的发生。在所有这些反抗的地区中，海地是一个充满异国情调的古老岛屿，它还实践着罗马天主教和伏都教（Voodoo），许多欧洲人在这里投射出对另一个截然不同的世界的渴望，但这个地方却早已摆脱了欧洲的控制。

世界历史有始有终。历史是由进步者来书写的，而进步的尺度则是意识实现自由的程度。这是黑格尔在他的《世界历史哲学演讲录》（*The Philosophy of History*）[6]中从各个角度审视历史后提出的基本观点。进步是我们必须意识到的绝对必要的东西。自由是“实体，精神的本质”[7]。

---

5. 参见 Marie Biloa Onana, Der Sklavenaufstand von Haiti (Cologne, 2010).

6. 英译本：G. W. F. Hegel, *The Philosophy of History*, trans. J. Sibree, Introduction, online: http://www.class.uidaho.edu/mickelsen/texts/Hegel - Philosophy of History.htm. 这个文本的德语版本，我使用了由乔治·拉森（Georg Lasson）编辑并由迈纳出版社（Felix Meiner）于 1917 年出版的版本，这是一个特殊的、非常有影响力的版本，它还于 1944 年在莱比锡为前线作战的德国士兵特别重印。拉森版包含了大量来自黑格尔笔记本中的经验细节，这位哲学家用这些细节来支持他的论点。拉森按照字面来理解黑格尔在导言中的方法论评述：“我们必须历史地，经验地前进”。后来苏尔坎普出版社（Suhrkamp）平装本（Frankfurt am Main, 1986）的编辑反对这样的做法，认为拉森没有为其对文本的广泛重建提供确切的参考说明。关于核心观点，特别是我们在这里尤其感兴趣的关于非洲的观点，不同的版本似乎没有什么不同。从 1822/1823 年冬季学期到 1830/1831 年冬季学期，黑格尔一共做了五次这系列的讲座，并不断对文本进行修订。因此，并不存在一个统一的权威版本。黑格尔用许多描述性细节补充了他的基本命题，就像拉森编辑的那些一样，在我看来，鉴于这是一个系列讲座，这种情况是非常有可能的。本节括号内所有页码均指的是拉森编辑的德文版（Leipzig, 1944）。

7. 参见：Georg Wilhelm Friedrich Hegel, Vorlesungen über die Philosophie der Weltgeschichte. 1. Band: Einleitung – Die Vernunft in der Geschichte, p. 41.

而另一方面，在一组严格的并置中，物质的本质则是引力[8]，根据黑格尔论证的逻辑，引力意味着一种非自主性、依赖性、奴性和臣服性。

对黑格尔来说，自由和认识到实现自由的必要性这两者的共生融合就是理性（reason）。理性是哲学能思考的唯一理念，它能将其他思考方式整合在一起。然而，黑格尔的理性并不是通常意义上的理性，而是一种“真正的善”，“这个善”和“这个理性”最具体的形式，就是上帝。[9]理性控制着世界的进程，因此哲学家不能不把它当作既定的（given）东西。哲学家必须假定，世界历史已经按照它自己的理性概念合理地展开了，否则哲学就没有任何意义。

“上帝统治着世界；上帝掌管的政府的实际工作——他的计划的实施——就是世界历史。”[10]在这位德国哲学隐喻大师的文本中，上帝的计划被描述性地宣告为一种等级制，以一种清晰的分级结构形式呈现：宇宙历史“是精神的最高形式，神圣的、绝对的发展的演示——通过这种分级制度，它获得了自身的真理和意识”。[11]“东方人”，对黑格尔来说，也包括中国人和印度人，“只知道那个人是自由的”，[12]但是“自由的意识首先诞生自希腊”，希腊人和罗马人知道，“只有一些人是自由的”。然而，作为创造的最高荣耀，我们必须首先意识到，“人作为一个人本身是自由的”（man, as man, is free）。[13]用最后这个庄严的复数，黑格尔表明，信仰基督教的欧洲人已经达到了人类文明的最高水平，或者更确切地说，“日耳曼国家，在基督教的影响下，是第一个获得意识的

8. 同上，32。
9. 同上，55。
10. 同上。
11. Georg Wilhelm Friedrich Hegel, Vorlesungen über die Philosophie der Weltgeschichte. 1. Band: Einleitung – Die Vernunft in der Geschichte, p. 52. 另可参见分章 “Der Verlauf der Entwickelung”，p. 148。
12. 译者注：那个人，指君主。
13. Georg Wilhelm Friedrich Hegel, Vorlesungen über die Philosophie der Weltgeschichte. 1. Band: Einleitung – Die Vernunft in der Geschichte, p. 40.

地方，人作为一个人本身是自由的；正是精神自由构成了它的本质。”[14]这一层级涵盖了先前所有的文明成就。

居住在日本横滨的瑞士哲学教师艾尔玛·霍伦斯坦（Elmar Holenstein）制作了一份黑格尔世界精神等级的地理哲学地图（图 3-3）。在这张地图中，最初的“东方世界”起源于中国，还包括印度和波斯帝国。同黑格尔一样，霍伦斯坦把亚述 / 巴比伦、朱迪亚和埃及划入中东，但黑格尔认为，中东实际上属于欧洲，是连接西方和东方的一条纽带。伊斯兰教在东方和欧洲世界之间形成了一个中介界面，并将这两个世界分别与非洲联结起来，同时将它们与智人起源的大陆分开来。然而，在向最后一个等级发展的过程中，伊斯兰教却背离了初衷，并改变了发展走向。它不再属于进步进程的一部分了。最后，层次越来越多的欧洲文化

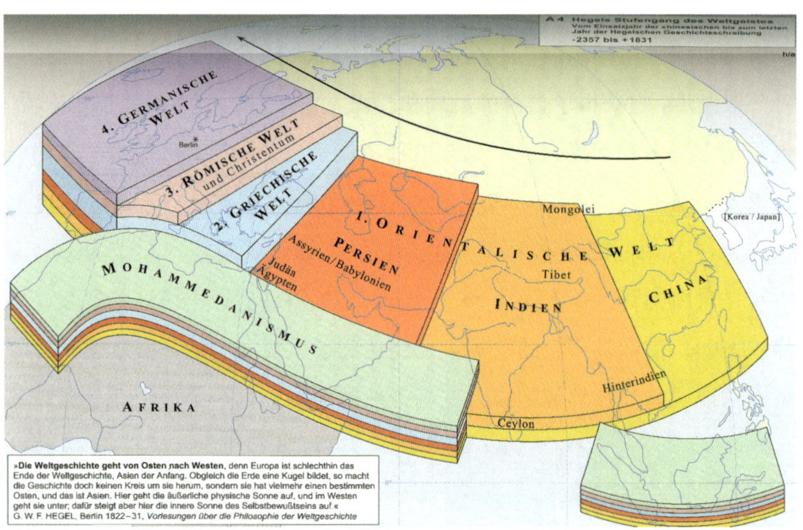

图 3-3　黑格尔对世界精神的分级一直从中国史学元年到黑格尔史学的最后一年，也就是从公元前 2357 年到公元 1831 年

图片来源：Holenstein, Philosophie-Atlas (Zurich, 2000), p. 49.

14. 同上，39。

在日耳曼世界中找到了最完美的形式，柏林是地图中唯一被标注出来的城市。柏林也是黑格尔讲授世界历史哲学的地方。在这里，我们便到达了历史的尽头。柏林是由之前所有文化堆积而成的，因此这个词从直接意义上来说是最复杂的。而相比之下，它的起源在远东，因此从为复杂性提供基础的这个意义上来说，它又是简单的。

由两个美洲组成的“新世界”只有当黑格尔将它与欧洲相关联起来的时候才会被处理。他也承认，在欧洲人发现美洲及其岛屿之前，它们可能也有自己的文化。但是，美洲的被征服标志着它的衰落，美洲并没有在与更强大的文化的接触中幸存下来：“因为在欧洲人登陆美洲后，土著文化在欧洲活动的气息下逐渐消失了。”[15] 而讲到南美洲的时候，黑格尔第一次提出了关于自由与依赖、精神与自然之间对立的具体例子：“关于美洲及其文明等级，尤其是墨西哥和秘鲁，我们掌握了相关的信息，但它只意味着一种完全自然的文化，一旦精神接近它，它就必须终结。”[16] 男子气概似乎是黑格尔关注的一个重要问题，黑格尔认为，南美洲“在身体和精神上都是孱弱的”，[17] 那里的居民和非洲居民一样，都是低人一等的。

非洲大陆三分法在 18 世纪已经是老生常谈了，这也决定了黑格尔的观念：即撒哈拉以北的土地，一般被叫作“欧洲非洲”（如果我们可以这样称呼它的话），是根据它们与“旧世界”的关系来界定的；而尼罗河流域，则“与亚洲相连”，必须被视为一个独立的文明体；最后，是撒哈拉以南的非洲——即“非洲本身”[18]。这位德国哲学家承认，他

---

15. 同上，191。

16. 同上。

17. 参见乔治 · 拉伦（Jorge Larrain）在其《拉丁美洲的身份与现代性》（*Identity and Modernity in Latin America*，Cambridge，2000，p.57f）一书中对黑格尔的《历史哲学演讲录》（*Lectures on the Philosophy of History*）的尖锐批判。

18. Georg Wilhelm Friedrich Hegel, Vorlesungen über die Philosophie der Weltgeschichte. 1. Band: Einleitung – Die Vernunft in der Geschichte, p. 204.

对非洲几乎一无所知，但这并不妨碍他在下文中对其作出非常具体的论述，他讲述了许多非洲轶事，并作出具有深远影响的整体性概括。但是他对历史本身没有任何兴趣，非洲似乎被封锁在了野蛮和蛮荒的状态中，非洲本身是“压缩在自身内部的黄金土地——童年的土地，超越自我意识历史的一片白昼，被笼罩在黑夜的黑暗色彩之中”[19]。

非洲不知道主体性，只知道互相毁灭的主体[20]。与此同时，黑格尔在粗略的概括中就构建了“非洲人”或“黑人”的概念——他将这两个术语作为同义词使用。对他来说，有三个紧密相连的论点是至关重要的：

（1）**“对人性彻底的蔑视”**[21]。这在同类相食中达到高潮：“对有肉欲的黑人来说，人肉不过是感官对象——仅仅是肉而已。一个富人死后，成百上千人会被杀死并吃掉；囚犯被屠杀，他们的肉在市场上被贩卖；胜利者有吃敌人心脏的习惯。”[22]

（2）**性泛滥**。表现为过度的一夫多妻制：尽管黑格尔只用了寥寥几页来描述整个非洲，但这一点似乎引发了他极大的兴趣，他经常深入到细节中。比如他列举道，达荷美国王有 3333 个妻子[23]，黑格尔声称，在非洲，一夫多妻制的目的是为了尽可能多地生育孩子，这些孩子可用来在市场上出售以获利。[24]

（3）**母权制和作为邪恶化身的各种女性属性**。“传统认为，在以前，由妇女组成的国家因征服而闻名：这是一个由妇女统治的国家。据

19. 同上，205。
20. 同上，207。
21. 同上，214。
22. 同上，215。
23. 同上，217。
24. 当黑格尔为他的指控引用资料时，他通常指的是——像在这段话一样——17 世纪卡普西尼僧侣乔万尼·安东尼奥·卡瓦兹·达·蒙特·库克罗（Giovanni Antonio Cavazzi da Monte cuccolo）关于三个非洲国家的报告。这份报告于 1687 年在博洛尼亚出版，书名为《安哥拉马坦巴的刚果历史》（*Istorica descrizione dei tre regni Congo Matamba, Angola*）。与历史编纂不无关系的是，在黑格尔那个时代，他对人类文明的深时间的估计，惊人地接近于 6000 年左右 (165)。

说，妇女用研钵捣碎自己的儿子，并用他的鲜血涂抹自己，手边经常有捣碎的孩子的血。据说她还赶走或处死了所有男性，并下令杀死所有的男婴”[25]。

黑格尔在他的《世界历史哲学演讲录》导言中对历史资料进行了这种偏颇的分类后，就不再理会那个实际上充满多样性的非洲人及其大陆了。撒哈拉以南的非洲被认为“不属于世界历史的一部分”，“它没有任何运动或发展可以被展示”。“就此，我们就离开非洲，不提也罢”，只有“埃及被认为是人类思想从东方转移到西方阶段的中间通道，但它并不属于非洲精神的一部分”[26]。

在海地人民获得解放后的几年间，即1807年至1808年，来自寒冷地区的伟大的德国思想家黑格尔在班贝克（Bamberg）当地报社任主编。我们不知道黑格尔本人从南方获得了什么样的新闻或报道。在大多数情况下，他也没有说明《世界历史哲学演讲录》中讲述的故事的来源。苏珊·巴克-莫斯（Susan Buck-Morss）在她的一篇文章中大胆推测，一方面，黑格尔很可能把岛上发生的叛乱当作他主奴辩证法的基础。另一方面，他无情地滥用能获得的资料，并主要从欧洲和基督教的主导视角来阐述他的历史哲学理念。[27]如天主教传教士卡瓦齐（Cavazzi）在17世纪耶稣会扩张鼎盛时期写的那些报告，黑格尔不需要完全修改，只是熟练地、有选择地引用它们。

黑格尔关于非洲和非洲人民的著作没有受到任何质疑，因为在他看来，非洲大陆及其居民完全没有能力发展自由意识，从而发展起尊严意识，或者解放自己。“在黑人的生活中，有一个特点，那就是意识还没

25. 同上，223。

26. 同上，224。

27. S. Buck-Morss, Hegel, Haiti, and Universal History (Pittsburgh, 2009), especially pp. 74f. and 116–118.

有达到认识任何实体的客观存在——例如上帝或法律的程度，在这些客观存在中，涉及人的意志的利益，人在其中能认识到自己的存在。”[28]

在黑格尔出生前将近 900 年，有一位学者叫阿布 · 那西尔 · 穆罕穆德 · 阿尔法拉比（AbūNasr Muhammad al-Fārābī，约 870—950），他来自大马士革，他在巴格达发展了一套更有趣的知识文化进化的历史观。这一观念具有以下优点，原则上，它可以适应当前世界的状况。[29] 这位阿拉伯哲学家的历史观最重要的特征是呈现了一个动态循环的椭圆。这个椭圆从异教徒巴比伦的迦勒底人开始，经由美索不达米亚南部到达埃及，这为希腊文明的两个中心，即雅典和亚历山大留下了广阔的发展空间，穆斯林巴格达的路线短暂地跑到罗马，从那里再到叙利亚，然后再回到起点，这使得巴格达与几百年前的异教巴比伦相比有了完全不同的身份。诸如此类的循环历史观可以作为对线性史学进步信念的有效替代。

3.3 来自开罗黑暗洞穴的光

伊本 · 阿尔 - 海瑟姆（Ibn al-Haytham，965—约 1040/1041 年），在欧洲被称为阿尔哈森（Alhacen）或阿尔哈曾（Alhazen），他是阿拉伯—伊斯兰知识文化黄金时代最杰出的（自然）哲学家、数学家和天文学家之一。西方科学技术史长期以来一直认为海瑟姆是一位杰出的物理思想家，一些历史学家则将他与意大利的伽利略相提并论。海瑟姆的专长是计算高度复杂的数学现象，比如大气密度、黎明或黄昏时的光线以及光

28. Hegel, Vorlesungen..., 这里的引文来自当代黑格尔研究公认的德语版本 1986 (vol. 12), p. 122; English version p. 110f.

29. 具体描述参见 Holenstein, Philosophie-Atlas (Zurich, 2004), p. 56f. 要了解阿尔法拉比关于知识文化的概念，也可参见 Eilhard Wiedemann, Über al-Fârâbis Aufzählung der Wissenschaften (De scientiis). Beiträge zur Geschichte der Naturwissenschaften 11 (1907/08): 74–101.27.S. Buck-Morss, Hegel, Haiti, and Universal History (Pittsburgh, 2009), especially pp. 74f. and 116–118.

线在水滴中反射和折射的相互作用等等。[30] 他的传记作者之一，伊本 · 阿比 · 乌赛比阿（Ibn Abi Usaibi'a），用一句话概括了海瑟姆的品质："他总是一直在工作。他写了很多书，生活上非常节制，并且热爱美好的事物。"[31] 现在，一千年过去了，这位非凡的思想家的传记几乎没有被保存下来，接下来我所讲述的他的故事以及轶事的细节，都是值得怀疑的。不过，这依然是一个很好的故事，因此它巧妙地融入了一个用技术进行想象的世界谱系当中。这就是我把他的故事放在这里的原因：

就像伽利略一样，海瑟姆也有一种倾向——这种倾向对艺术家和知识分子来说是很危险的——那就是向他人过度自信地展示自己的能力。这使他容易被诱惑，比如，被政治诱惑。除了应用科学的许多问题外，海瑟姆还解决了灌溉问题，改变了河流的流向，以及解决了在极度干旱时期如何利用河水灌溉干旱区的问题。在肥沃的新月地带（Fertile Crescent），这片农业的摇篮，构成了最大的技术挑战。当他还住在巴士拉的时候，他声称自己有能力在尼罗河上建造一座巨型大坝。尼罗河是地球上最长的河流，它不仅可以在雨季防止严重的洪水，而且可以在干旱时期提供取之不尽用之不竭的水源。哈基姆（Al-Hakim，约 985—1021 年）在 11 岁的时候成为了开罗的哈里发，他邀请这位博学的学者去往埃及，这样就可以把他的想法付诸实践。由于哈里发非常有权势，海瑟姆无法拒绝他的邀请——至少海瑟姆最近（最受欢迎的）一位传记作者布拉德利 · 斯蒂芬斯（Bradley Steffens）是这么认为的。[32] 海瑟姆于 1011 年如期去了开罗。然而，雄心勃勃的计划并没有成功，暴躁的

---

30. 参见 Seyyed H. Nasr, Islamic Science (Lahore, 2000), pp. 140–142 中的章节"宇宙和它的数学研究". 关于对他数学成就上的评价可参见 J.P. Hogendijk: Ibn al-Haytham's Completion of the Conics (New York, 1985).

31. 引自 E. Wiedemann, Ibn al Haitam: Ein arabischer Gelehrter, in: Eilhard Wiedemann, Gesammelte Schriften zur arabisch-islamischen Wissenschaftsgeschichte, 1. Band: 1876–1912, ed. by Dorothea Girke (Frankfurt am Main, 1984), p. 119.

32 斯蒂芬斯早在他著作的副标题中夸大其词：*B. Steffens: Ibn Ibn al-Haytham: First Scientist* (Greensboro, NC, 2007).

哈里发对他此不高兴。这位聪明的学者便想了一个诡计来拯救自己，几年前他在巴士拉也用过这个诡计，曾帮助他退出国家公职。

哈里发下令软禁海瑟姆，并且把他锁在开罗家中的一个房间内。这位学者在那里度过了接下来的十年时间，直到哈里发去世才被释放，之后，他回到巴士拉待了一段时间，接着搬到了巴格达，并在那里度过了他生命中最后二十年，这二十年时间他主要在写作。据称，在关在黑屋里的那 10 年拘留期内，海瑟姆写下了一部关于光和视觉最杰出的作品之一——《光学》（*Kitab al-Manazir*）。住在希腊南部的柏拉图（公元前 427—公元前 347 年）曾阐述过著名的洞穴寓言，这篇寓言成为了《理想国》（*Politeia*）的一部分。而将近 1400 年之后，一个光学理论却是在一个黑暗的拘留室中被写出来的。

海瑟姆写过的书包括矫形外科学、眼睛解剖学、眼睛的生理学分析以及视觉几何学，他的这些研究成为中世纪晚期以及现代早期一大批欧洲作家，包括维特罗、罗杰 · 培根、约翰 · 佩卡姆（John Peckham）、列奥纳多 · 达 · 芬奇、弗朗切斯科 · 毛罗里科（Francesco Maurolico）、约翰尼斯 · 开普勒等人工作的基础。也就是说，他的著作对欧洲人关于视觉和光学现象的观念产生了开创性的影响。海瑟姆还在著作中阐述过一个初步的想法，即大脑的判断和区分的能力对于识别可见物非常重要。[33] 此外，他还认为，大脑负责“从双眼中的两个图像中生成一个单一图像”，[34] 这在生理上的解释就是图像的生成需要通过大脑内部的视神经来完成。

“上帝是天地之光”——海瑟姆是一个在宗教上很虔诚的人。然而，

33. 在我们《变体学》系列第 4 卷中，汉斯 · 贝尔廷、弗兰齐斯卡 · 拉特尔（Franziska Latell）和作者讨论了海瑟姆研究的这些问题。在 2008 年贝尔廷出版的关于这个主题的书里也能见到：Florenz und Bagdad: Eine westöstliche Geschichte des Blicks was published in Munich.

34. 引自 E. Gerland, F. Traumüller, Geschichte der physikalischen Experimentierkunst (Leipzig, 1899) p. 62.

像伊本 · 辛尼（Ibn Sinã），在西方被称为阿维森纳（Avicenna），和其他一些当代穆斯林科学家一样，他也提出了一种视觉理论，这种理论不是基于看到外部物体的人的内心发出的任何神圣的光，而是海瑟姆根据视觉感知的接受模型所提出的。他认为，我们之所以能看见某个特定事物，是因为它被阳光、月光或人造光进行照射，而被物体反射出来的光线就进入了我们的视觉器官。与欧几里德和亚里士多德所提出的视觉原理相比，这种根本性的转变可能对海瑟姆为他的物理实验建造的仪器有重要意义，反之也亦然。观察仪器的实验实践可能加强了他的理论假设，即基于生理学的视觉接受理论比形而上学或神学的视觉发射理论要更加具有连贯性。

在海瑟姆关于光学的那部伟大著作中的第四篇论文中，他记述下来的被软禁的故事有重要的意义，因为在这篇文章中，他描述出一种对月光进行系统性观察的仪器。这些描述是如此令人印象深刻，以至于人们阅读的时候会感觉自己都被传送到了眼睛的内部，这是对从几个空间发出的离散光源投射出光线的不可思议过程的一份微观见证。科学历史学家马蒂亚斯 · 施拉姆（Matthias Schramm）对精确科学的历史研究做出了卓越的贡献，他一丝不苟地翻译了相关段落，并精妙地分析了相关术语：[35]

“这个问题（maʿnan）可能在任何时候（waḳt）都能很容易地（suhūlatan）被系统观察到（iʿtabara）；可以让观察者（muʿtabir）在漆黑的夜晚进入某个房间（bayt）。房间应该有一扇门（bāb），带有两翼（miṣrāʿ）。他（观察者）必须带几盏灯，并把它们放在门对面（muḳābil），但互相分开（mutafarriḳ）。然后观察者要进入（dākhil）房间，然后

35. 引自 Schramm, Ibn al-Haythams Weg zur Physik, p. 210.

关上房门；但他应该留下一个缺口（faradja）和一扇敞开的门（miḳdār yasīr）。然后，他可以观察（taʾammala）门对面房间的墙壁（ḥāʾiṭ）。在墙壁上，他会发现，根据灯的数量（bi-ʿadad）分离出来的光的现象（aḍwāʾ），以及它们进入（dakhala）缝隙（furdja）的方式，其中每一种方式都与某盏灯相对应。接着，当观察者命令其中一盏灯被遮盖物遮蔽时，灯对面的光就消失了（baṭala），而当遮光物被拿掉时（rafaʿa），光线又回来了。”

“接着，如果观察者掩盖了门的缝隙（infaradja），只留下一个小（ṣaghīr）孔，当这个孔对着灯的时候，他会发现在房间的墙壁（ḥāʾiṭ）上再次根据灯的数量出现了单独的光现象，每盏灯的大小（miḳdār）取决于孔的大小（kāna bi-ḥasab）。”（fol.115 v 7–116 r 4）

弗里德里希 · 里斯纳（Friedrich Risner）的拉丁文译本中遗漏了这段文字。施拉姆怀疑，里斯纳可能认为海瑟姆创造的实验技术没有任何重要性。德译者的这一疏忽在一定程度上解释了为什么海瑟姆对现代机械光学的重要贡献在长时间内没有得到承认。

暗箱是海瑟姆描述的媒体装置谱系中最为突出的一种装置，它被用来观察光的现象。此外，他还提到对现代光学很重要的其他仪器，特别是“反射装置”（ālat al-in’ikās），他用它来测试和演示他的光反射数学定律。评论者法特 · 赛兹金和埃克哈德 · 纽鲍尔（Eckhard Neubauer）在他们的《阿拉伯—伊斯兰科学史纲要》第三卷中总结道，海瑟姆使用这个装置是为了“证明光反射定律，即入射角等于反射角”。[36] 他们还引用了巴尔曼（J. Baarmann）写作于 1882 年的一篇论文，其中清楚描述了海瑟姆的这个实验装置。

36. Fuat Sezgin (in collaboration with Eckhard Neubauer), Wissenschaft und Technik im Islam, vol. III (Frankfurt am Main, 2003).

“当日光或月光或火光通过中等大小的间隙进入黑暗的房间，并且激起灰尘时，那道穿过间隙的光，使得和空气混合在一起的灰尘变得清晰可见，并且在与间隙相对的那间房间的地板上或墙壁上都清晰可见。人们会发现来自间隙的光以直线的方式进入与间隙相对的房间的地板或墙壁上。作为实验的对照组，如果我们拿一根直杆对着这道可见光，我们便会发现光能沿着直杆进行直线传播。如果房间中没有灰尘，而光出现在与间隙相对的房间的地板或墙壁上时，如果在可见光和间隙中间放置一根直杆，或者在两者之间拉一根直线，并放置一个不透明物体，那么在这个不透明的物体上，光就会立刻变得可见，并且从可见的地方消失。如果一个人在直杆的轨道上移动这个不透明物体，他会发现，光在不透明物体上总是可见的。因此很明显，光从缝隙到可见的地方，是直线传播的。”[37]

此外，海瑟姆想证明“这个定律同样也适用于柱面镜、圆锥镜和球面镜的反射以及彩色光线”。正是为了这个目的，他设计出一面墙来反射光线，这面墙有七面镜子：一面平面镜、两面球面镜、两面柱面镜、一面凹面镜和一面凸面镜——简而言之，这涵盖了现代光力学的全部范围（图 3-4）。[38]

从法兰克福阿拉伯—伊斯兰科学史研究所的工作，以及从巴尔曼、维德曼和施拉姆的早期研究中，至少还可以提炼出另外三种观测仪器，而海瑟姆早已准确地描述了这些仪器，而且很可能都是在他被软

---

37. 引自 J. Baarmann 的论文，*Ibn al Haitams Abhandlung über das Licht* (Halle, 1882), part of which was published as an essay in *Zeitschrift der Deutschen Morgenländischen Gesellschaft, vol. 36* (Wiesbaden, 1882), pp. 195–237. 维德曼（Eilhard Wiedemann）在杂志的 38 卷（1884, pp. 145–148）写了一篇评论，他认为对巴尔曼的翻译进行某些修正是必要的；然而，这些都与此处引用的段落无关。

38. 引文和描述可参见：Fuat Sezgin, *Wissenschaft und Technik im Islam, vol. 3* (Frankfurt am Main, 2003), p. 172f.

图 3-4　由海瑟姆在 11 世纪早期设计的用于观察反射光的装置的七种变形，由法特 · 塞兹金团队重新修复
图片来源：F. Sezgin and E. Neubauer, Wissenschaft und Technik im Islam Band III (Frankfurt am Main, 2003), p. 173.

禁在开罗的黑屋子时发明和制造出来的。其中一个杰出的装置是他用来研究月光的仪器，他在他的《论月光》（*Treatise on the Light of the Moon*）一文中描述了这个仪器。[39] 还有一些是他研究各种折射的装置，杰兰（Gerland）和特劳米勒（Traumüller）有趣地称之为“光的干扰传播”，[40] 还有他的实验装置“证明清晨光线以直线传播”和“弯曲的光也以直线传播”[41]——这些都是现代光学研究的核心概念问题。

在对海瑟姆的光学著作的深入讨论中，19 世纪后期出版的《物理实验纲要》（*Geschichte der Physikalischen Experimentierkunst*）已经引起了我对主要问题的注意：这位来自美索不达米亚的阿拉伯学者在开罗居住多年，他不仅是一位杰出的数学家和自然哲学家，他对自然世界引人注目的实验和工具方法使他获得了在他之前没有人能够获得的洞察力。海瑟姆在第一个千年之交精心设计的实验，使他有可能打破自古希腊以来顽固坚持的各种既定的智慧禁忌。

39. 也可参见克劳迪娅 · 辛克（Claudia Schink）的散文 , *Lux reflecta, in: Variantology 3* (Cologne, 2007), pp. 307–329.

40. 参见：Gerland, Traumüller, Geschichte der physikalischen Experimentierkunst, p. 64.

41. 参见：Sezgin, Wissenschaft und Technik im Islam, vol. 3, pp. 178–182.

3.4 帕多瓦的喷火怪物

14 世纪和 15 世纪初，欧洲出版了几部对用于战争和娱乐的爆炸材料进行实验性探索的详细著作。康拉德 · 凯瑟（Konrad Kyeser，约 1366—1405）的著作《比利弗蒂斯》（*Bellifortis*）就是其中之一。这部著作的写作大约开始于 14 世纪 90 年代，约于 1405 年完成，[42] 也许最精美的一份手稿是抄于1420年的手迹，现藏于慕尼黑巴伐利亚州立图书馆。这部著作是他在帕多瓦的一座城市中完成的，这座城市位于东西方的最北部的边界上，这条边界在中世纪晚期贯穿了欧洲大部分地区。

这份手稿由 70 页羊皮纸组成，每一页都充满各种恐怖但是用作装饰之用的爆炸装置和战争机器的图片，并且还都附有几行或几段文字。这份手稿后来被一个它的拥有者取名为《战争武器之书》（*Bellicorum instrumentorum liber*），这位拥有者名叫乔瓦尼 · 丰塔纳，他可以被看作意大利早期一位重要的"培根主义科学实验主义者"。丰塔纳兴趣广泛，但特别着迷于"技术性的东西，比如数学和物理的实际应用"等。他研究了各个领域，如钟表学（尤其是漏壶和沙漏）、燃烧镜、液压装置和烟火，他对这些领域有特别的偏爱。[43] 在他撰写的论文中，其中有一篇是关于密码学的——《人类想象力宝藏的秘密》（*Secretum de thesauro*

---

42. 参见 S. J. Romocki, *Geschichte der Explosivstoffe* (Hildesheim, 1983, facsimile reprint of the 1895 Berlin edition), p. 133ff. 罗摩茨基（Romoski）的书是上个世纪初出版的非常精彩的作品之一，包含了极佳的原始资料。当时科学技术史以及以文字学为导向的古典学研究有着非常密切的联系：当时的科学技术史实际上是一种对精确对象的精确文字学研究。

43. 关于此处引用的引文和丰塔纳的著作，以及其他参考资料，请参见科学历史学家 Alexander Birkenmajer, *Zur Lebensgeschichte und wissenschaftlichen Tätigkeit von Giovanni Fontana* (ca. 1395–ca. 1455). ISIS XVII (1932): 34–53.

experimentorum ymaginationis hominim）。[44]这篇文章中包含了丰塔纳发明的一种非常特殊的秘密语言，也是一种替代性密码——罗马字母表中的字母都被丰塔纳自己创造的符号所替代。要读懂丰塔纳的这些文本，我们需要一份符号的列表以及它们的明文等价物。当然，替代密码是一种非常容易被破解的代码。

丰塔纳创造的人工制品、彩色的图画和经济的文字注释，涉猎各种谱系，不仅有涉及战争机器和烟火发展的，还有涉及投影设备、液压设备，特别是汽车设备、自动装置的起源和发展等。从我自己的研究来说，我认为丰塔纳的指南（Fontana's manual）[45]是一部重要的早期插图作品，属于扩展动画的谱系。我将在这里简要讨论他提出的三个怪异的结构。

在基督教传统中，中世纪恐怖场景最为突出的主题之一就是作为死亡寓言的骷髅，这一主题一直延续到现代技术媒体发展中。“人造尸体复生”（De resursione mortuorum artificiosa，图 3-5）是丰塔纳给一个人工制品所取的名字，这个物品外观是一个大盒子，代表了一个石棺。盒子里面是一个轮子，丰塔纳将其比作一个时钟机制。在盒子顶部有一些开口，通过这些开口，拥有运动四肢的木制骷髅骨架一会儿出现一会儿消失。当轮子转动起来的时候，在这个装置的奇妙世界里，很可能预示着未来将会发生的爆炸事件，“死者的活动四肢也动起来了”。[46]伴随

---

44. 这两本书均以拉丁文原版再版，并翻译成意大利文，详细评论见 :Eugenio Battisti, Giuseppa S. Battisti, *La macchine cifrate di Giovanni Fontana* (Milan, 1984). 罗摩茨基用了整整一章篇幅对丰塔纳进行“速写”(VII., pp. 31–240). 伯特兰 · 吉勒（Bertrand Gille）在他的著作《文艺复兴的工程师》（*Ingenieure der Renaissance*）(Vienna, 1968) 中向丰塔纳致敬，尤其是他发明的机器人中所使用的机械装置 (p. 112ff.). 另见安东尼 · 格拉夫顿（Anthony Grafton）关于丰塔纳的短文《机器人一般的魔鬼》（*The Devil as Automaton*）: Genesis Redux, ed. Jessica Riskin (Chicago, 2007), pp. 46–62. 格拉夫顿尤其关注的是丰塔纳的自动机概念的历史背景。

45. 译者注：这个指南指的是丰塔纳收藏的凯瑟的作品，并加上了丰塔纳自己的注释，被他取名为《战争武器之书》。

46. 参见《战争武器之书》一书的第 50 页；只有人工制品的标题是拉丁文，其余描述都是丰塔纳所写的替代密码，并在之后全部用拉丁文翻译出；关于这些加密文本的翻译，参见：Battisti/Battisti, La macchine cifrate di Giovanni Fontana, p. 88.

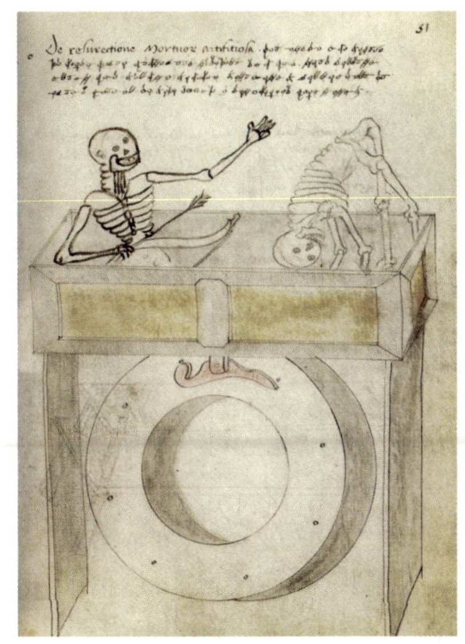

图 3-5 “骷髅的筋斗”：“人造尸体复生”。藏于慕尼黑巴伐利亚州图书馆，图上有丰塔纳亲笔签名（约 1420 年）

图片来源：Battisti and Battisti, Fontana (1984), p. 131.

图 3-6 以女性形象出现的恶魔，夜晚出现让人惊惶失措。藏于慕尼黑巴伐利亚州图书馆，《战争武器之书》（约 1420 年）第 70 页

图片来源：Battisti and Battisti, Fontana, p. 140.

着巨大的骚动，死者一次又一次复活了，战争的幸存者们于是得到了这样一个讽刺性的提醒，提醒他们未来将要发生什么。

这位来自帕多瓦的狂热纵火狂和业余密码学家在最为著名的一幅画作里描绘了这样一种装置，它可以将一个巨大而可怕的魔鬼投影到墙上，并吓退那些逼近的敌人，这是一个小小的、便携式灯笼，上面是一个圆形侧面，侧面画着投影的人物；灯笼内部的光源会在墙上投射出巨大阴影。丰塔纳意识到：灯笼需要在顶部开孔，这样一来光源发出的热量便可以散发出去，就不会导致周围的玻璃破裂。然而，因为没有足够的技术对图像进行聚焦或引导，灯笼只会产生一个扩散或模糊的阴影。然而，工程师的想象力是惊人的。魔鬼的可怕形象显然常常以女性形象出现，

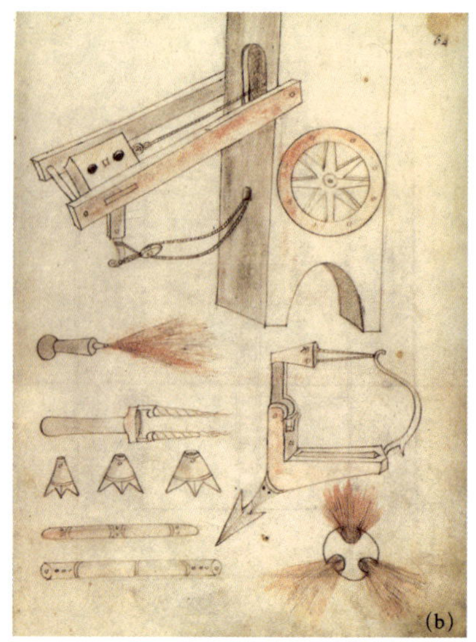

图 3-7　喷火女巫，《战争武器之书》（约 1420 年）第 63 页（a）和 64 页（a）
图片来源：Battisti/ Battisti, Fontana, pp. 137–138.

她有怪异的长阴毛和突出的乳房；有着像龙一样的爪子，还有长着角的巨大头颅，她手握一把巨型长矛，姿态咄咄逼人（图 3-6）。[47]

然而，扩展动画或汽车设备（自动装置）谱系中还有一个杰作，那是丰塔纳的另一个与众不同的技术实体，而且具有明显的女性内涵：即“喷火女巫”（La strega infuocata）。《战争武器之书》第 63 页 [图 3-7 (a)]

47. 在论述这个物体的文献中，人们发现了矛盾和奇怪的信息。洛朗 · 曼诺尼（Laurent Mannoni）是早期用技术来进行想象的最重要的权威之一，他经常提到丰塔纳，并在某种程度上把他神秘化了，因为他曾将《战争武器之书》中的一个人工制品作为投影设备，即使怀抱世界上最好的希愿，也不太可能看到它投影出任何东西 [see, for example, the encyclopaedic work by L. Mannoni, D. Pesenti Campagnoni, and D. Robinson, Light and Movement: Incunabula of the Motion Picture (Pordenone; Paris; Turin, 1995) p. 44f.] 格拉夫顿也简要地写过关于投影现象的文章。在斯文 · 杜普雷（Sven Dupré）最近的一篇文章中 (Optical games, magic, and imagination, in: Spirits Unseen: The Representation of Subtle Bodies in Early Modern European Culture, ed. Christine Göttler and Wolfgang Neuber, published as Intersections Yearbook for Early Modern Studies 9-2007, Leiden, 2008) 他试图用当代文本《德拉 · 普罗斯佩蒂瓦》（*Della prospettiva*）来解释投影是如何工作的，这本书不是丰塔纳写的，也与他的投影艺术作品无关。然而，比肯迈耶（Birkenmajer）已经表明，丰塔纳确实研究过光学透镜和燃烧镜。

展示了一张戏剧性的女巫图像，丰塔纳还附上一张显示如何建立数字的图表，它在第 64 页 [图 3-7 (b)]，就像一本手册一样可以相互对照。根据手册的指引，这个爆炸怪物的实践方法如下：女巫的三维图形将从一座堡垒的防御塔上的一个开口中射出，顺着一条铁轨滑下去。人像头部和四肢都是可移动的，她的大蝙蝠翅膀和巨大的尾巴也可以移动的。她身体的一部分，包含了一个可以射箭的装置。女巫会从内部被照亮，烟火从它的耳朵里爆炸，她的嘴巴会喷火。女巫的机械装置被包裹在一个坚固的木头框架里，以防止自动装置因为爆炸和剧烈震动而全部解体。[48]

在帕多瓦想象中的可怕领域里，活动人工制品的运动是通过绳索控制的。绳索缠绕在木制滚轮上，当制动器松开时，它们将引导自动装置的特定运动。有关这种古老的编程概念的详细思想可以在亚历山大的数学家和工程师赫伦的著作中找到（图 3-8），他可能生活在第一个世纪。但这位伟大的亚历山大大帝也站在其他巨人的肩膀上。赫伦的许多想法，特别是关于气动和液压机构的，可以追溯到拜占庭的建造者和发明家斐洛（Philo，公元前 260—180 年），他不仅是一个伟大的工程师，而且精通密码文化技术，尤其是隐写术（steganography）。继续往上推的话，斐洛也从希腊发明家和数学家泰西比奥斯（Ctesibios）那里学到了很多东西，泰西比奥斯生活在公元前 3 世纪上半叶，和欧几里德和阿基米德是同时代人。在概率的范围内，两位亚历山大应该彼此认识。[49]

狂热的机器幻想家丰塔纳生活在中世纪晚期到现代早期的过渡时期，他的发明并不是为了取悦上帝或创造什么有用的东西——实际上，他就是在扮演上帝本身。丰塔纳将一个技术灵魂注入那些被认为是死亡

48. Cf. Battisti/Battisti, La macchine cifrate di Giovanni Fontana, p. 96f., 我在这里扩充了他的文字，使其更加精确一点。我感谢埃克哈德 · 弗勒斯（Eckhard Fürlus），他一如既往地帮助我。

49. 关于赫伦的出生和死亡日期有争议，关于他的老师是谁也有争议。很长一段时间，人们认为他生活在公元前 3 世纪；我在这里参考的是 Das Prooemium der Pneumatik des Heron von Alexandria in lateinischer Übersetzung, edited by “Dr. Wilhelm Schmidt, schoolmaster” (Braunschweig, 1894), p. 3.

418 ΗΡΩΝΟΣ ΑΛΕΞΑΝΔΡ. ΠΕΡΙ ΑΥΤΟΜΑΤΟΠΟΙΗΤΙΚΗΣ.

τὸ *ΕΖ* κάτωθεν. τρυπήσας ὁμοίως τὸν ἄξονα ἑκάστην ἀρχὴν ἀπέλαβον ἐπιούροις ἀραρότως τισὶν εὖ μάλα τὰς σπάρτους, τὴν κατὰ τὸ *Ε* καὶ τὸ *Ζ*. αἱ δὲ

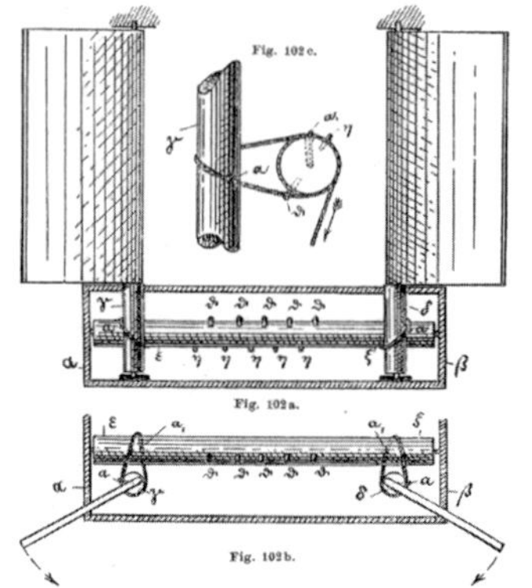

σπάρτοι ἐπιστρέψουσι τοὺς στροφεῖς καὶ ἀνοίξουσι τὰς θύρας. ὅταν δὲ πάλιν τὰ ἐναντία ἐπιστρέφω τὸν

1 τὸ om. T τρυπήσας ⟨δὲ?⟩ ὁμοίως τὸν ἄξονα ⟨..., tum καὶ ἐγκρούσας vel simile quid⟩ ἑκάστην Brinkm. f. ⟨καθ'⟩

DIE AUTOMATENTHEATER HERONS V. ALEXANDRIA. 419

die Achse, die einen nach γ und δ hin[1]) (Fig. 102a) oberhalb der Achse, die anderen nach ε und ζ hin[1]) unterhalb derselben. Indem ich in gleicher Weise an beiden Enden ein Loch (a_1, a_1, Fig. 102b und 102c) in die Achse bohrte, schloſs ich mit Bolzen recht fest die Schnüre bei ε und ζ (Fig. 102b) ein. Die Schnüre werden die Angeln

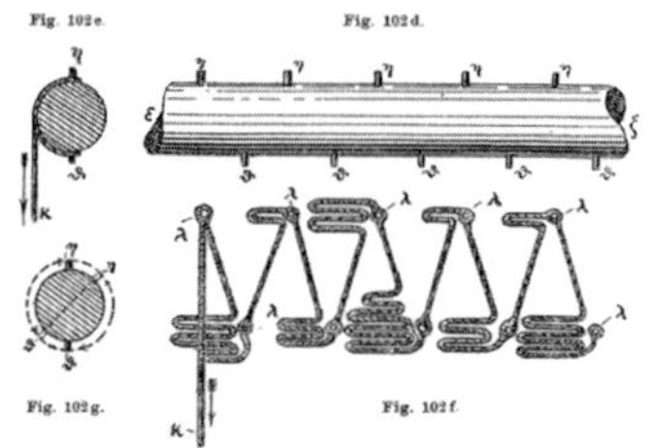

drehen[2]) und die Thüren öffnen. Drehe ich aber die Achse nach der entgegengesetzten Richtung, so[3]) werden die (zuvor

1) In den Handschriften steht: 'das eine nach $\gamma\delta$ hin, das andere nach $\varepsilon\zeta$'.
2) Genauer wäre: 'Gespannt werden die oberen Schnurenden die Angeln drehen (Fig. 102a)'.
3) Die Worte 'so ... drehen' sind nach Vermutung übersetzt, da der griechische Text hier verderbt ist.

ἑκάστην 2 τισὶν ἀραρότως tr. Brinkm. 3 τῶν σπάρτων Prou f. τήν τε f. καὶ ⟨τὴν κατὰ⟩ 4 f. σπάρτοι ⟨ταθεῖσαι⟩

27*

图 3-8　赫伦对物体运动编程的古老形式

图片来源：Heronis Alexandrini opera quae supersunt omnia. Vol. I: Pneumatica et automata, recensuit Guilelmus Schmidt (Leipzig, 1899), pp. 418–419.

的物质中，并赋予它们生命，即使它们只是披着死亡的外衣，就像从石棺中升起的骷髅一样。同时作为医生和工程师的丰塔纳试图证明，他是自然和技术的主人：自然，按照自己的意志或上帝的意志来运动，而技术，它是不能按照自己的意愿运动的，只能通过人类这个神圣的机器来推动。在自动机的例子里，这会发生在所有现象中。永动机（Perpetuum Mobile）一直代表着一种试图克服这一技术缺陷的乌托邦。正如巴蒂斯蒂（Battisti）所指出的，这位工程师非凡的创造力使他成为他那个时代杰出的建造者和操作魔术师之一，其他人还包括乔瓦尼 · 德 · 唐迪（Giovanni de' Dondi，1318—1389），他制造了一款高度复杂的计时器，甚至被一些评论家误认为是世界上第一台模拟计算机，还有莱昂 · 巴蒂斯塔 · 阿尔伯蒂（Leon Battista Alberti，1404—1472），他也制造了一些装置，并致力于研究密码学。

帕多瓦距离威尼斯仅一箭之遥，威尼斯曾经是拜占庭帝国的前哨，自 9 世纪以来，拜占庭帝国一直与阿拉伯—伊斯兰世界保持着广泛的贸易和文化交流。[50] 帕多瓦大学，尤其是丰塔纳所在的艺术学院和医学院，在他当时的时代受到威尼斯共和国文化的强烈影响。[51] 帕多瓦大学是东西方学术世界的桥头堡；那里培养出来的工程师从阿拉伯—伊斯兰学者们丰富的知识中获益良多，并能自由地对此加以运用。伟大的实验科学历史学家林恩 · 桑代克（Lynn Thorndike，1882—1965）[52] 在 20 世纪 30 年代早期发现了丰塔纳的一篇自然哲学论文《自然的综合研究》（De

50.“威尼斯与伊斯兰”（Venezia e l' Islam，828—1797）是 2007 年在威尼斯总督宫举办的一个展览的名字，该展览致力于研究这类关系，它既华丽又非常具有政治和文化敏锐性。同年还出版了同名的展览目录《威尼斯与伊斯兰》（Marsilio，2007）。

51. 参见 Piero Del Negro, ed., L' Università die Padova. Otto secoli di storia (Padua, 2001), 特别是 p. 31f. 帕多瓦大学在很长一段时间都是威尼斯影响范围及其各种政治组织中唯一的一所。

52. Lynn Thorndike, An unidentified work by Giovanni da' Fontana: Liber de omnibus rebus naturalibus. ISIS XV (1931): 31–46.

omnibus rebus naturalibus），丰塔纳在其中引用了甘扎利（al-Ghazzali，英文名为 Algazel，1058—1111），阿维森纳（Ibn Sīnā，980—1037）和阿威洛依 [Averroes，即伊本 · 路世德（Ibn Rushd），1126—1198] 等人的论述。在他关于战争工具的图解手册中，丰塔纳在第 2 页中展现出了他对东方资料的了解，他把一个可移动的“撞城锤”，一个巨大的攻城锤，叫做 alphasaf arabice，而这其实是一种传统的阿拉伯工具的名称。

在那些讨论飞行、滚动和漂浮的火箭的例子中——后者根据出处被称为“中国箭”（Romocki）——丰塔纳的借用和剽窃更加显而易见了，在这些例子中，他甚至完全没有指明出处。比如“汽车鱼雷”这个装置其实是利用了阿拉伯人最初用来烤面包的凹形铁片建造而成的，这是生活在 13 世纪的哈桑 · 阿拉姆（Hasan Ar-Rammah）的专长，他曾在 1275 年至 1295 年期间[53] 写下关于这一主题的最重要的一篇论文。来自伊斯坦布尔的学者法特 · 塞兹金在伊斯坦布尔的新博物馆中发挥了开创性作用，该博物馆自 2008 年以来一直建在前君士坦丁堡，旨在支持伊

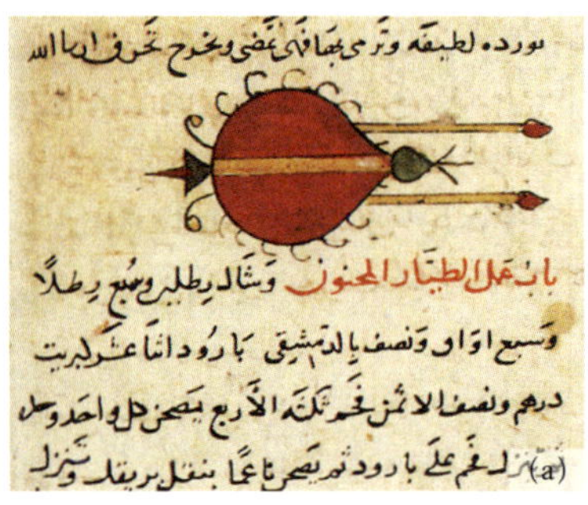

图 3-9 （a）13 世纪的鱼雷；（b）14 世纪的火焰喷射器
图片来源：Sezgin and Neubauer, Wissenschaft und Technik im Islam, vol V, (Frankfurt am Main, 2003), pp. 125 and 124.

53. 参见 Romocki, Geschichte der Explosivstoffe, particularly p. 68f.

斯兰世界日益增长的自信，他认为，丰塔纳很了解阿拉伯—伊斯兰烟火和爆炸战争技术的早期来源。[54]

3.5 那不勒斯媒体

世界上没有哪个地方的烟火会比那不勒斯地区更加繁华——考虑到它们制造噪音和浪费能源的可能性。在维苏威火山附近地区和位于更南边的阿马尔菲海岸（Amalfi Coast），居民们利用每一个宗教节日和每一次世俗活动模拟那里的火山爆发。每年，为了迎接新的一年，整个那不勒斯湾不仅会被烟火装置照亮整整几个小时，还会转变成一个巨大的、振动的“发声体”，仿佛是在感谢火山让它的邻居们又侥幸存活了一年，同时这些活动也在告诉维苏威火山，居民们并没有因为火山的破坏性而打算退缩和搬走。

仅在短短的 18 世纪，维苏威火山就总共爆发了六次。自从 1631 年一次非常严重的火山爆发以来，类似托雷 · 德尔 · 格列柯（Torre del Greco）这样的沿海小镇——卡莫拉（Camorra）的根据地之一——就已经被熔岩流掩埋了三次了。最近一次那不勒斯严重的火山爆发发生在 100 多年前，即 1906 年，它造成 10 万人在那不勒斯避难。1944 年，就在第二次世界大战结束的时候，发生了一次破坏性较小但巨大的火山爆发，火山灰和烟雾甚至损坏了许多同法西斯作战的盟军飞机，并导致几名飞行员死亡。坎帕尼亚（Campania）上一次地震发生在 1980 年，它对那不勒斯市中心造成了严重的破坏，至今仍未完全得到修复。据说——对生活在刀刃上的浪漫赞美——没有人像那不勒斯人一样懂得如何生活，这就是为什么，他们一点也不会过度担心未来很长一段时间内

54. 参见：Fuat Sezgin and Eckhard Neubauer, Wissenschaft und Technik im Islam, vol V, section 12: Kriegstechnik (Frankfurt am Main, 2003), p. 126.

发生的事情。没有生活在这个地区的人根本无法真正想象在“关键时刻”（Kairos）的永久阴影下生活到底意味着什么。

那不勒斯被认为是离非洲最遥远的意大利城市；因此，坎帕尼亚的都市仍然与非洲联系在一起。那不勒斯大学和萨勒诺大学早期的建立是由于南欧穆斯林表征的邻近性。西西里王国和那不勒斯王国都深受阿拉伯—伊斯兰科学黄金时代文化的影响。

在那些拜访过那不勒斯的作家和艺术家们的报告当中，无论是歌德、本雅明、博伊斯、沃霍尔，还是基弗，很明显，在这些旅行者们所描述的真实或想象的那不勒斯南部之旅中，他们遭遇了一个完全陌生的他者，那里黑暗、混乱，包含一些与他们在西方的经历完全不同的东西。在他们的描述中，包括身体的细节，我们看到了他们与激情、直接性、动物性、奇异感觉的相遇；简言之，就是对文化管理的排除。

天主教会的“安吉利库斯博士”（Doctor Angelicus），托马斯·阿奎那，出生于那不勒斯附近的阿基诺（Aquino），在 13 世纪，那不勒斯在地缘政治上属于西西里王国。在近代早期，那不勒斯是欧洲最大的城市之一，也是自然哲学实验和大胆的神学哲学思考的中心地带。诺拉（Nola）离那布勒斯几公里远，是乔尔丹诺·布鲁诺的出生地。布鲁诺那些不可思议的想法，例如多重平行世界的存在，直到最近才在现代量子物理学中有了回应。[55] 乔万·巴蒂斯塔·德拉·波塔（Giovan Battista Della Porta，1535—1615）从索伦托（Sorrento）悬崖上的维科埃库塞（Vico Equense）来到这里，他于 16 世纪 60 年代在托莱多大街（Via Toledo）中央建立了他的自然科学实验秘密学院，到了今天，那里依然是那不勒斯最为繁忙和最喧闹的商业街之一。教皇草率地处置了秘密学

55. 我非常感谢伊丽莎白·冯·萨姆索诺（Elisabeth von Samsonow），她在那不勒斯再次对这位“维苏威”思想家发表演讲。奥托·罗斯勒（Otto E. Rössler）的贡献也可被解读为是对布鲁诺和他的多个平行世界思想的颂扬。

院（Accademia dei Segreti），他在 1578 年将学院封禁，因为他认为学院的工作已经侵犯了他天赋的行使权力的主权。

德拉 · 波塔的学院发明和培养出一套规则，今天研究艺术和技术之间相互作用的大学和实验室仍然可以借鉴这套规则。学院成员和巫师的学徒们必须带来关于物质世界的全新知识，并且他们必须声明，愿意与其他人分享这些知识。他们不仅对大自然进行大胆干预，比如，使用天然避孕药或培育特别硕大的高产葡萄等，实验室中有许多镜子和玻璃，这些实验室打磨和改进了人工制品的光谱，这些人工制品后来构成了之后持续几个世纪的技术剧院（the theatre of technology）：里面是带有磨砂透镜的黑暗房间和用于放映戏剧性战斗场景的白色墙壁；有一架望远镜提供一种视角，可以看到比肉眼更远的地方；还有飘浮在空中的三维彩色图像，以及许多其他使视觉现象出现和消失的特殊效果。

投影和舞台世界的现实印象——如果它们在技术上建造和设计良好——与自然现象给人的印象一样强烈，甚至可能会更强烈，德拉 · 波塔在 16 世纪就很清楚这一点。他每天都被壮观场景所包围。因此，他设计了一个真理测试，并询问那些访客的意见：他们是想面对真实的现实，还是人为的现实。在德拉 · 波塔的秘密学院里，人们显然更喜欢幻觉而不是现实真相。[56]

在弗朗西斯科 · 罗西（Francesco Rosi）拍摄于 1992 年的纪录片《那不勒斯日记》（*Diario napoletano*）中，他重温了 1963 年的电影《移交城市》（*Le mani sulla città*）中的那不勒斯，[57] 导演进入那不勒斯市中心一座修

---

56. 德拉 · 波塔在他的《自然魔法》（1589）的版本二当中描述了这个现实测试，该版本包括二十本书；我已经在别的书中详细地写过这个问题。*Deep Time of the Media, Cambridge*, 2006, pp. 57–99。

57. 这部已经有 53 年历史的电影是罗西对卡莫拉阴谋及其与政治的密切联系的深刻反思。今天再看一遍这部电影，你会意识到，腐败之王西尔维奥 · 贝卢斯科尼（Silvio Berlusconi）拯救那不勒斯城镇和地区脱离困境的承诺是多么的不诚实和荒谬，而这一困境恰恰主要就是由卡莫拉的罪恶统治造成的。

道院的花园里。一个和尚正在树上摘水果。当罗西出现的时候，附近教堂的钟声也开始响起。导演对和尚说，这钟声听起来多美。与此同时，方济各会从树上爬下来，愤怒而激烈地回答罗西：他曾经是教堂的敲钟人。他演示着牵拉沉重的铃铛的绳子，并适时在地上跺脚。他说现在这些声音完全无法与教堂钟声的真正魔力相提并论；他年轻时用手就能弹奏出巴赫的作品。但是你现在听到的不再是音乐了。他轻蔑地补充道：这一切都是用电生产的。

在 21 世纪初，我第一次在那不勒斯和西西里岛的巴勒莫（Palermo）寻访到一个相当特殊的机电制品（图 3-10）。那是一个水平的长方形金属盒子，上面安装了两三打电蜡烛，这个盒子看起来好像可以装下一整个键盘。从远处看，这些通常站在细长腿上的人工制品看起来像脆弱且制作糟糕的哈蒙德风琴（Hammond Organs）[58]。这款独特的电子机器（macchina elettrica）是一款电子产品盒。它产生一种简单的效果，主要

图 3-10 电烛台（Altar de Velas Eléctrico），摄于 2009 年意大利普利亚大区（Puglia）
图片提供：莫诺 · 克罗姆（Mono Krom）

58. 译者注：哈蒙德风琴是劳伦斯 · 哈蒙德（Laurens Hammond）发明的一种电子风琴，首次制造于 1935 年。

是光学效果：假如你在一排排蜡烛前按下这个“键盘”上的某个按钮，蜡烛便会点亮——这是一个隐喻的替代品——即我的灵魂寓于上帝之屋中。如果你仔细听，你甚至还可以听到微弱的嗡嗡声，18 世纪的电神学把这种声音解释为上帝存在于世间的标志。晚上，你只需将插头从墙上的插座中拔出；蜡烛就会熄灭，留待第二天再次使用，而不会把热蜡弄得到处都是，也不会出现流槽或闪烁。现代礼拜灯是一种卫生而清洁的灯。

这些盒子的魔力就来自墙上的电插座，它们是电气化运动的一部分，尤其经常在南欧的一些小教堂和礼拜堂中被使用。在当时，如果一个人被教堂里的歌声、管风琴音乐或祈祷文的声音所吸引，走了进去，便会惊奇地发现，教堂里完全没有通常能见到的工作人员。音响材料全部来自圣坛后面播放的磁带或 CD 播放器，更确切地说，是来自扬声器。有时墙上也会有小老虎机，在播放圣经故事的录音。技术复制品已经完全取代了弥撒或教堂氛围的一切。

这是一次彻底的技术革新。进入 20 世纪之后，天主教堂里已经禁止使用电灯作为祭品了。电灯只允许用来照亮黑暗的房间，但无论如何都不能用来代替祭坛上的蜡烛或圣殿的灯火。[59] 在这一背景下，意大利教堂的电气化运动完全是一种亵渎神明的行为。

不过，电子供品盒的好处在于，它们是一种“相信机器”（Believing Machines）。在一排按钮和一排蜡烛之间有一个卡槽，意大利型号上标记为 Offerta。这是“上帝之屋”的来访者都应该购买，或者确切地说是租用的，一个他或她的灵魂所停驻的临时电子替代品的地方。然而，一般来说，即使你不投入硬币，机器也会照常工作。供品盒没有连接按钮

59. 参见：Michael Buchberger [Bishop of Regensburg], Lexikon für Theologie und Kirche, vol. 3 (Freiburg, 1931), p. 618.

和灯泡。但当用户按下按钮时，设备就会认为用户已经付费了，并且访问者相信这个机器的效果并且喜爱它。这是一种理想中的交互性，即便在没有任何技术媒介介入的情况下也能发挥作用。这就是一种“灵韵”（aura）的技术实现，一种距离的接近，这是最不可亵渎的。

3.6 移位而非转向

今天，即便是思想流派的理论或方法当中最微小的变化都会被激烈地宣称为“转向”，或者被宣称为“转向”的必然结果。完全出乎意料的是，几年前，艺术史上的一个“形象转向”（iconic turn）开始了。我相当困惑，因为在柏林工业大学的语言学和符号学基础课程中，我已经学会了定位 19 世纪的最后一次“范式转向”——也就是当图像的技术（再）生产机器全速运转的那个时刻。瓦尔特·本雅明以他最著名的著作[60]致力于探讨这一变化。布拉格文化分析家弗卢塞尔称这种现象为“技术图像”（technical image），它致力于探讨机器的抽象开始介入文化表达的各个领域——从大众印刷媒体和文学到犯罪学、艺术、医学和实验科学等。在这一根本性转向之后，又出现了“技术视觉化”（technical visualisation）的浪潮，特别是电影和其他基于时间的图像形式，面对这些现象，艺术史在很长一段时间里只是简单地忽略这些现象。但在 20 世纪 60 年代，这一“转向”的进一步深化和扩展正在酝酿，因为电视已经成为当时主要的大众媒体，并且以其不间断的即时性图像的（再）制作，再次从根本上改变了视觉感知的条件，然而，艺术史学家在当时并没有注意到这一点。他们也不知道如何处理这些基于时间的艺术和表演。随着互联网在自由学术世界市场的出现，20 世纪 90 年代初，“图

---

60. 译者注：即《机械复制时代的艺术作品》。

像科学”(image science)逐渐开始在美国出现，芭芭拉 · 斯塔福德(Barbara Stafford) 和其他学者一起在欧洲各地进行学术旅行的商业活动。她处理来自欧洲的肖像材料，这些材料现在都被富有的美国学术机构认真地收藏和购买。因此，现在我们可以从一个不同的角度，在 Zone Books[61] 和其他享有盛名的出版社的印刷古董柜中，感激地欣赏它。

好像一个“形象转向”还不够，另一个“图像转向”（pictorial turn）也宣告来临，它实际上围绕的是与“形象转向”相同的东西。这至少非常清楚地表明了到底发生了什么——各种学术学科和思想流派的主张及各自的霸权野心。随着“形象转向”的到来，艺术史的某些学者试图建立一种能够被图像学证实的垄断，即声称每一种视觉表达形式都属于他们的能力范围和管辖范围。尽管直到 20 世纪 90 年代早期，他们都忽略了还有一个（同艺术相关的）作为复制品的图像世界，它们不一定能被插入到艺术史的蓝图中。而“形象转向”就是意在创立一门新的学术学科，为这些复制品提供正当性，即建立一种德语世界的 Bildwissenschaft——它是“图像科学”的直接翻译。而另一方面，“形象转向”也是学者们的一种尝试，他们更多地从事图像的实用和科学的应用当中，以确立这些研究有能够与视觉文化和美术相联系的资格。否则，“图像科学”很容易被人们误认为是学术市场战略营销的一个分支而已，因为大约正是在这个时候，战略营销策略已经开始在企业管理中扩散了。

正当这两个“转向”的兴奋热度稍微平息下来一点时，下一个“转向”又开始了，那就是“声音转向”，而这是佩特拉 · 玛利亚 · 迈耶（Petra Maria Meyer）2008 年出版的一本重要书籍的标题，[62] 这本书通

61. 译者注：Zone Books 成立于 1985 年，是一家独立的、非营利性人文社会科学出版商，特别关注跨学科议题。

62. 译者注：此处指的是 Petra Maria Meyer. *Acoustic Turn*. Wilhelm Fink（München, 2008)。

过分析手机铃声和汽车内部的合成声音环境等迷人现象，试图对声学生产和感知的日益重要性做出回应。[63] 柏林哲学家迪特马尔·坎帕（Dietmar Kamper，1936—2001）在 20 世纪 90 年代就已指出，图像文化正显示出衰退的迹象，未来我们的注意力将不得不更多地集中在听觉现象上。

在科学范式、研究集群、本应产生新精英的大学以及所谓的合作研究中心（Sonderforschungsbereiche，英文译名为 Collaborative Research Centres）蓬勃发展的市场中，我们已经制造了许多噪音和空话，以便影响资金的分配，并为自己的研究获取一点有限的资源。“转向”和“范式转向”的提出尤其会获得丰厚的经济回报。在对艺术、科学和技术的深层时间关系的考古学和变异学的研究中，我强烈主张，应当将我们的注意力进行不引人注目但是必要的转移。不必固守单一学科，而是将目光投向其他学科，例如工程、科学或神学的历史等，我们会发现，在这些领域中，这些转向其实早就已经发生了。只不过现在是从事艺术、文化和媒体互动的研究人员和教师开始承认这一点的时候了。

这需要我们将注意力从强大的中心转移到边缘地带，从大都市转移到各个外省。不仅是从 20 世纪末和 21 世纪初开始，艺术、科学和技术的相互作用中最激动人心的发展和发现已经并持续在日本岐阜区的大垣市、蒙贝利亚（Montbelliard）和法国的弗雷斯诺伊（Le Fresnoy）等地出现和被组织起来。

在巴登 - 符腾堡州（Baden-Württemberg）的卡尔斯鲁厄（Karlsruhe），北莱茵 - 威斯特法伦州（Northrhine-Westfalia）的科隆（Cologne），以及最近在西班牙北部阿斯图里亚斯镇（Asturian）的希洪（Gijon）。在媒介历史发展的早期阶段，像美国东海岸和西海岸这样的地区中心，以

63. 位于罗马的音乐研究中心（CRM）是这座永恒之城之中为数不多的对艺术（在这里主要是音乐）和新技术的相互作用关系进行认真研究的机构之一。此前，劳拉·比安奇尼（Laura Bianchini）和米开朗基罗·卢彭（Michelangelo Lupone）在菲亚特（Fiat）对作为一种人工共鸣板的汽车进行了研究。

及像巴黎和伦敦这样的大都市利用了各种边缘地区和外省发明和生产的东西，并将其转化为自己的产品，进行销售。我们可以研究这个过程的发生，比如，后来成为电视的技术知识和专利的过程；摄影过程和设备的发展其实都是在奥匈帝国的外省推动的，进而传播到维也纳，并在那里大受欢迎；而光学基础知识是在西西里地方修道院以及鲁道夫二世在布拉格向西欧（知识）力量中心朝圣过程中产生的。[64] 历史上，西方与东方的关系，用外交辞令来说，是“善意接管”（benevolent takeover）的态度，而用非外交辞令来说，可以直接称之为盗窃。黑格尔关于世界历史从东到西发展的格言在这一历史背景的烛照下看来，获得了完全不同的意义。

从我们的地理位置来看，假如我们越深入我们领域中特定谱系的迷宫，我们就越需要向东、东南方和南方移动。大约十年前，当我写《媒介的深层时间》（*Deep Time of the Media*）的德文版时，我并没有意识到这一点的意义。我仍然太着迷于欧洲内部那些对我来说似乎必要的“转向”，尽管最终方向还是一样的——也就是要远离西方走向东方，远离北方走向南方，远离大城市，走向那些微小的、经常被遗忘的地方，比如俄罗斯的苏斯达尔（Susdal）、西里西亚（Silesia）的萨米茨（Samitz）或加利西亚（Galicia）的多罗毕其。受过黑格尔主义教育的大拇指汤姆（Tom Thumb）[65] 的观点是多么自负和狭隘，他相信自己站在世界最伟大进步的顶峰，代表着世界其他地区的技术先锋！当我体验到中国、哥伦比亚、墨西哥、秘鲁、俄罗斯和土耳其对深层时间研究的浓厚兴趣时，

64. 在我的《媒介的深层时间》（The MIT Press, 2008）一书中，我追踪了这些运动，比如，当时圣彼得堡作为电子媒介活动发展的中心。我的考古学研究中的所有英雄（从恩培多克勒到基歇尔一直到到加斯泰夫）全都来自外省。

65. 译者注：大拇指汤姆是英国民间传说中的人物。《大拇指汤姆的历史》出版于 1621 年，是第一部用英语出版的童话。

我第一次搞清楚了这一点。这些浓厚兴趣都是以他们对自身深层文化的了解为前提的，这种了解是培养对具有类似深层维度的其他文化的好奇心的先决条件。当对于历史维度只有肤浅认识，而深刻的文化体验只能以渴望、希望或愤怒的形式存在时，讨论深层时间及其问题将会尤为困难。

3.7 现代作为一种态度

随着“现代”这一时刻的到来，近代早期欧洲文化，尤其是启蒙时代的欧洲文化宣称自己是世界的中心。某样事物究竟是过时的、原始的、落后的，还是创新的、复杂的、进步的，这些都是由罗马、巴黎或伦敦，以及一度在莫斯科自封的先锋派观点所决定的。在文明、宗教和国家的冲突发生时，现代性与现代事物便成为霸权的决定因素，在第三个千年开始时，这将再次成为一场争夺经济霸权和生活必需品之战，如（饮用）水、负担得起的能源、食物（谷物、大豆和大米等）以及可呼吸的空气。如果我们把“能量”换成“火”，把“食物”换成它生长的“土地”，那么我们又回到了2500年前在西西里被诗人兼哲学家恩培多克勒定义的构成世界的四种元素[66]，这些元素通过吸引力和排斥力、爱和战争，不断地重新组合成为新的集合。

关于艺术、科学和技术人工制品的相互作用，发展出一套替代性概念是有用的，原则上，这些概念不是黑格尔的等级模型和支撑它的进步思想所定义的那种线性和等级制观念，而是要尊重各种文化之间交流的持续动态。尽管我们可能还不能完全抛弃我们自己构建历史时采取的人

66. 译者注：恩培多克勒（约公元前495—公元前435年），古希腊哲学家，他最重要的贡献是提出名为“四元素说”的宇宙本体论，他以土、水、气和火四种元素为万物本原，一切事物都由这四种元素组合而成。其中每一种都是永恒的，但是它们可以以不同的比例混合起来，这样便产生了我们在世界上所发现的种种变化着的复杂物质。

类中心主义——从长远来看这是可取的[67]——但至少，以欧洲为中心的关注应该被视为多余的。作为普遍化的概念，它应当是全球化的知识基础之一。

全球化是一个与经济、文化和政治实力高度相关的概念。这个词来源于与艺术或科学思维毫无关系的词汇。我们关心的是，如何在世界范围内交流我们的工作，并在不落入这种（预先）决定的陷阱的情况下完成这项工作，我们自然需要其他一些概念和方向。像马提尼克岛的爱德华 · 格里桑特（Edouard Glissant）这样的诗人和哲学家也许能提供一些思路。格里桑特使用了"世界性"（mondialité）这样的理念。雅克 · 德里达非常重视这个概念。两位思想家都用这个概念描述一种世界范围内的关系，这种关系不是根据它们的目的理性来定义的，而是作为一种"关系之诗"。借助先进的思想和技术创作的艺术在这个意义上可以成为"世界性"的理论和实践。

弗朗茨 · 法农（Frantz Fanon，1925—1961），来自法兰西堡，他是格里桑特的同胞，他生性好斗，在 50 多年前，他曾用不太诗意的语言阐述过地缘政治运动，他认为，这是形成不同性质的关系的一种先决条件——这段话是从加勒比海视角来写的："离开这个欧洲吧，在那里，他们永远不会谈论人，在他们发现的任何地方，在他的每一条街道的拐角处，在地球的所有角落，人都已经被杀死了。"[68]

---

67. 在我们的研讨会上，我们如今正从这个角度思考大卫 · 克里斯蒂安（David Christian）的"大历史"（big history）概念，它试图结合研究天体物理学、地质学和文化研究等领域，还有曼努埃尔 · 德 · 兰达（Manuel de Landa）的《一千年的非线性历史》（*A Thousand Years of Non-linear History*，Cambridge MA，1998），以及弗里曼 · 戴森（Freeman Dyson）的"开放宇宙"（open universe）概念，这个概念认为，历史是没有尽头的。参见：Freeman Dyson, "*Time without end: Physics and biology in an open universe*". Reviews of Modern Physics 51 (1979): 447–460.

68. 引自 Frantz Fanon, *Die Verdammten dieser Erde* (Frankfurt, 1966) (Les Damnés de la Terre, first published 1961; The Wretched of the Earth, New York, 1963); English trans. Chp. 6 online: http://www.marxists.org/subject/africa/fanon/conclusion.htm.

尤其是在这样一个时刻——“现代”一词在艺术上也陷入了困境，并被“当代”这个空洞的概念所取代——因此进行一次思想实验是有益的，我们假设不只有一个“现代”，而是存在各种不同的现代的变体，正如丽莎·罗菲尔（Lisa Rofel）在她为中国所写作的书《另一些现代性》（*Other Modernities*，1999）中所提出的那样。生于阿根廷的人类学家加西亚·坎克里尼（García Canclini）在他 1990 年的著作《杂交文化》（*Culturas híbridas*）中为他生活的大陆提出了各种现代化现实：“我们并没有实现某一种现代化，而是实现了几个不平等的，并且相互结合的现代化进程。”[69] 它们就像星座一样，在某种意义上说，一直处于永久演变的过程当中，这个过程可以被称为是现代的，而且已经在世界上不同地区和不同时期发生演变，并且很可能在未来继续这样进行。

从艺术、科学和技术之间的深层时间关系角度来看，我把对现代世界的某种态度理解为是现代的。这种态度也就是，建立起与个体周围和个人生活其中的事物的一种实验性关系。这种关系不是一种以测试、占有或剥削为特征的，而是世界需要被理解为一种可以被改变的东西，就像个体可以被他周围所有“他人”理解为是一个可以不断改变的个体一样。理想情况下，两者都会变得对自身更有利——个体和复合整体。个体不一定必须位于我们所知存在（经典的主权主体）的一切事物的中心。个体也可以从边缘行动，与其他个体相互合作或协作，可能偶尔穿过中心。在这个概念中，第三种要素，一种比个体和复合整体更大的东西，我们姑且称之为神圣的，它不一定是死的、不存在的、被排斥在外的。它可以被感觉、被生活、被尊重和崇敬，但是全能上帝并不归于它，当然也不归于神圣的凡人代表。否则所有实验努力都会是徒劳的，我们需要把自己限制在一种与世界的实验性关系之中。

69. 引自 Larrain, *Identity and Modernity in Latin America*, p. 140.

穆萨·本·沙基尔的三个儿子生活在9世纪的巴格达，在机械工程史上也被称为巴努穆萨兄弟，[70]他们组成了一个思考和生产的集体组织，在很多方面都类似于当今所谓的现代团队。他们参与了各种各样的学科，包括哲学、医学、几何学、数学和实用工程等，并设定了各自的优先事项，同时非常紧密地在一起合作，并且友好地分享关于世界的各种新奇知识。这为700年后德拉·波塔在前现代那不勒斯秘密学院的研究打下了坚实的基础。巴努穆萨兄弟的研究建立在他们非常尊重的古希腊知识的基础上。在一些重要的方面，他们进一步发展了这些知识，并创造了一些不同的、全新的东西。比如，为演奏乐器创造一个通用的可编程控制单元就是一个大胆的想法。

伊本·拉兹·贾扎尔从耶济拉地区设计或建造的每一个自动机，[71]都是在创造穆罕默德的荣耀和先知在地球上的强大代表的荣光。然而，他的许多设备都拥有与全能的神祇相互抗衡的功能。不过这些设备最表面的功能，比如许多液压自动机的目的，是让参与庆祝活动的客人尽快喝醉。金属镶嵌装置干预了给定的自然条件，并将干旱地带变成鲜花盛开的样子，大大改善了景观，让居民受益。从这个意义上说，它们也是非常有用的机器。它们的美丽——就他们精湛的工艺而言——所有荣耀都尽归于他，总是被考虑在内。德拉·波塔的态度是一个怀疑者的态度，这种态度导致他也在朋友身上测试了他的投影室，他称为暗室（cubiculum obscurum），这种态度存在于媒介发明或被定义为行动的普泛领域之前。

---

70. 我在为《神奇的声音机器》（*Zauberhafte Klangmaschinen*）目录撰写的一篇文章中讨论了这三个兄弟和他们的一些发明，尤其是通用滚柱编程（pinned roller programming），这篇文章发表在2008年在海恩堡（奥地利）举行的奥地利媒体考古研究所（IMA）同名展览上，并在我们的《变体学4》的简介中做了简要介绍（Cologne，2010）。译者注：亦可参见本书第二章关于巴努穆萨兄弟的介绍。

71. 我不会在这里讨论这位来自美索不达米亚的杰出工程师的迷人的设备世界。乌尔里希·阿勒茨（Ulrich Alertz）和克劳斯-彼得·哈斯（Claus-Peter Haase）在《变体学4》中详细讨论了这一问题。Variantology 4, ed. S. Zielinski, E. Fürlus (Cologne, 2010).

20 世纪的装置理论家将此定义为“现代的”，甚至是“后现代的”。[72]

3.8 新方向

2003 年 9 月 27 日，在法国和西班牙的边境上，同时代的两位欧洲前卫艺术明星马塞尔·杜尚和瓦尔特·本雅明在想象中上演了一次邂逅。艺术家弗兰克·安塞尔（Franck Ancel）与泽维尔·卡伦（Xavier Carron）和约阿西姆·蒙特苏斯（Joachim Montessuis）一起合作，在位于地中海沿岸的法国最南端的城市塞尔贝尔（Cerbère）和西班牙最北端的城市波特布（Portbou）之间用无线电建立起了联系，并利用它制作了一场最引人注目的奇观。在本雅明逝世 63 周年的第二天，他们用数码相机拍摄了丹尼·卡拉文（Dani Karavan）纪念犹太裔德国柏林知识分子的照片，并传送到波特布的一座旧剧院和电影院礼堂。这个地点与塞尔贝尔的格林雷丽城酒店（Belvédère du Rayon Vert）也用无线电建立了联系，本雅明纪念碑的投影图像在这里与杜尚的绿色光线（Le Rayon Vert）相遇。这些照片相遇的作品由弗雷德里克·基斯勒（Fredrick Kiesler）进行视觉设计，并由约翰·凯奇（John Cage）最后合成。

只有少数人真正目睹了想象中的这次相遇。我只是偶然知道这件事，因为我在本雅明生日那天去了他的墓地，并在巴塞罗那遇到了一位活动家。这些年轻艺术家的想法真是太棒了，他们从谱系上与第一代先锋派没有任何联系。但通过他们的活动，他们不仅毫不费力地跨越了物理和政治的界限，而且他们终于激活了这个萨尔瓦多·达利去巴黎途中经常会经过的这片陌生地区。仅有几公里远的佩皮尼昂（Perpignan）火车站是达利最著名的一幅画的主题，它被巴黎先锋派用于拜访南方的桥头堡，

72. 参见本书第二章中关于贾扎尔的叙述。

欧洲现代最杰出的理论家之一还通过它寻求逃离纳粹的方法，但没有找到。本雅明想从波特布继续前往里斯本，赶一艘去到美国的船。

在 20 世纪很长一段时间里，历史背景中的暴力使中欧已经不适于许多人居住了，因为在德国，“工具理性”被推翻了[73]，并反常地达到了顶点，甚至立刻变成了它的对立面——数百万人被一体化的独裁政权的恐怖统治有计划地杀害，本雅明的逃亡在一个死胡同里就结束了。波兰数学家和密码学家耶日·罗日基（Jerzy Różycki），与他的同事玛丽安·雷耶斯基（Marian Rejewski）和亨里克·济加尔斯基（Henryk Zygalski）一起为破译德国恩尼格玛机（ENIGMA machine）的密码作出了重要贡献，1942 年在从法国到阿尔及利亚的海上通道上的巴利阿里群岛附近逃离纳粹时去世，许多特务机构的难民在那里暂时找到了避难所。例如，在卡萨布兰卡，为抵抗运动建立了一座特殊的电影纪念馆，演员汉弗莱·鲍嘉和英格丽·博格曼使这座纪念馆变得不朽。里昂·弗西特里格（Lion Feuchtwanger）移民到加利福尼亚，把他的房子提供给许多被迫逃离欧洲的、从现代主义前中心之一柏林逃亡而来的左翼和犹太知识分子。和他当时的女友伊迪丝的家人一起，弗卢塞尔也及时离开了布拉格，这座在鲁道夫二世统治下的城市。17 世纪初，它曾是实验科学和大胆思想实验的发源地。弗卢塞尔一家经由伦敦逃到巴西，并试图从圣保罗的角度重新思考文化历史和基于技术的传播，只是在北美洲北部的马歇尔·麦克卢汉稍有耽搁。[74] 麦克卢汉比他的这位捷克裔巴西的对手弗卢塞尔更早为人所知。当时，弗卢塞尔正在南方几千公里之外的一块大陆上工作，但是这块大陆甚至被排除在现代语境之外——除了像巴西

---

73. 译者注：工具理性由马克斯·霍克海默（Max Horkheimer）提出，在《理性之蚀》里霍克海默受到韦伯的启发将理性划分成客观理性和主观理性。主观理性即工具理性，主观理性是推动现代科学技术的理性，它是一种工具或技术，把自然或其他物质作为完成目标的工具。

74. 关于弗卢塞尔的巴西视角和巴西时期，参见 Claudia Gianetti, *Vilém Flusser und Brasilien, International Flusser Lecture*, 13 February 2001 (Cologne, 2002).

利亚这样奇异的城市化项目，或者奥斯卡 · 尼迈耶（Oscar Niemeyer）的建筑项目，还算有些现代的气息。

南方为北方依赖性的异养生物（heterotrophs）提供富含维生素的水果和蔬菜，石油，还有其他能源，以便他们能够存活下去，但也搭建人工仙境，比如咖啡、糖、可卡因和鸦片，以便他们随时感觉良好。当他们被驱赶到一个角落，被驱赶到寒冷中，再也无法忍受北方的野蛮时，南方依然为他们提供庇护。南方总能满足人们对阳光、大海、真实、他者和异国情调的渴望，即便这些事物现在主要以投影或设计产品的形式存在。北方是通过南方的力量发展起来的，而并非相反。德国、英国、法国、西班牙、荷兰以及后来的美国成为相对于埃及、印度、美索不达米亚、拜占庭、希腊、罗马、犹太和伊斯兰先进文明等深时间文化来说的发展中国家。南方现代研究所（ISMs）可以进行实验，在 10 世纪阿尔法拉比同心圆模型的扩展版本中再次扭转局面，[75] 显而易见的是，它必须包括穿过非洲、中国、印度和南美洲的新通路。

3.9 拉丁变体学，与复归廷巴克图的可能性道路

在深时间维度中思考，将可能的过去与可能的未来联系起来。正如我认为历史并不是既定事实的集合，而是由历史学家们共同创造出来的现实一样，我也从不相信未来会自动地就成为当代条件和关系的延续。

拉丁美洲这一抽象概念的发明比南美洲的殖民化要离我们近得多。它始于拿破仑三世时期，也包括 19 世纪 50 年代法国对墨西哥的占领，这个概念从一开始就具有强烈的地缘文化和地缘政治的含义。在过去

75. 译者注：这里的扭转局面指的就是南方现代研究所的构想将继续推进 10 世纪的构想，从中心走向边缘，从北方走向南方，转变权力中心。

150 年里，欧洲学术界的世界用语——即拉丁语——作为罗曼语系的基础输入，已成为南美洲文化表面上统一特征的一个标签。美洲南部大陆及其岛屿的多变性和异质性将被一种普遍认同取代，这种认同是从普遍性思维的发源地欧洲散布出来的。我们都知道，南美洲古代宗教属于多神教。我们从索伦 · 克尔凯郭尔（Søren Kierkegaard）那里知道，新的加强的文化可能是最可怕的，这就是被定义为一神论导向的拉丁—基督教文明。

从 16 世纪到 18 世纪，在这一知识和精神殖民过程的中心——梵蒂冈，耶稣会精英部队非常活跃，教皇从罗马派遣他们到世界各地，作为激进先锋，他们的目的是将全球团结在一个单一信仰中（图 3-11）。这不仅是黑格尔所理解的南美洲与基督教欧洲关系中的身份。令人惊讶的

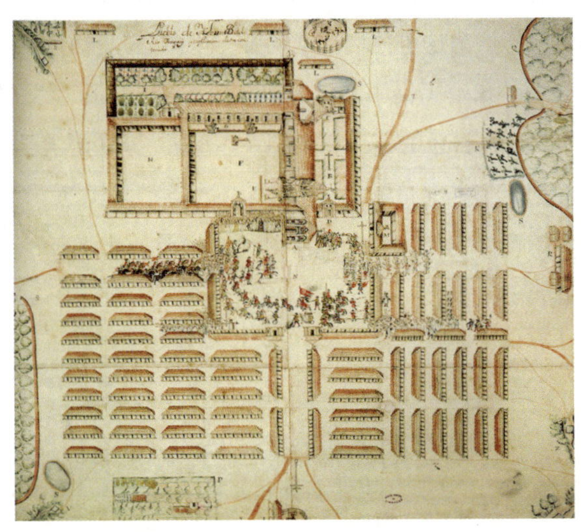

图 3-11　希曼卡斯档案馆（Archivo General de Simancas）收藏的一幅展现 18 世纪中期巴西圣胡安包蒂斯塔（San Juan Bautista）的耶稣会瓜拉尼使团的鸟瞰图。在欧洲启蒙时代有组织的、强迫性的重新定位。在这样的结构当中，一切都可以被看见了，并且能够被最大限度地控制
图片来源 : Rita Haub, Die Geschichte der Jesuiten (Darmstadt, 2007), p. 79.

是，当代南美作家也将欧洲人的干预视为他们自己现代性发展的决定性原因。[76] 艾尔玛·霍伦斯坦（Elmar Holenstein）举了一个例子，说明曾经可能发展的多样性和变异或许因为这种想法而消失了。关于美洲大陆在哥伦布发现之前的“另一个世界”，具有启发性的是“文明”方面的成就，如中美洲的城市和文字文化、天文学和数学，以及安第斯山脉的大规模政治体系，还有技术进步（从石器时代到青铜时代，再到铁器时代），这与为运输目的而驯养动物没有关联，而从“旧世界”经验来看，这些被认为是不可或缺的（图 3-12）。[77]

“拉丁变体学”是一个相反方向的实验。2010 年夏天，哥伦比亚人安德烈斯·伯巴诺（Andrès Burbano）发起了一个对各种文化和媒体发展采取变体学方法进行研究的想法，受此启发，一个由年轻研究人员和艺术活动家组成的非正式网络举行了一次会议，他们研究了耶稣会士的遗产——比如关于巴洛克式通信技术，特别是阿塔纳斯·珂雪的作品——但他们不认为这是他们行动的唯一来源。[78] 这个团体的出发点是，早在殖民化之前和殖民化的同时，南美洲不同地区已经发展出了自己的知识和技术文化、自己的语言和文字表达形式、音乐、乐器和手工艺品、技术图像，甚至技术支持的电子通信。对南美洲文化差异和媒体多样性的考古可以挖掘和阐述出这些深层时间的发展，并让它们在全新的和未来的背景下展现出来。

---

76. 参见：Jorge Larraín, *Identity and Modernity in Latin America* (Cambridge, 2000) or *Los jesuitas y la modernidad en Iberoamérica*: 1549–1773 (Lima, 2007)。在书中，作者清楚地意识到，拉丁美洲现代性与欧洲现代性不相同的悖论。

77. 参见：Holenstein, Philosophie-Atlas, p. 78.

78. 2010 年 8 月，在多特蒙德举行的电子艺术国际研讨会（ISEA）上，开启了一个开端。应研讨会艺术总监安德烈亚斯·布鲁克曼（Andreas Bröckmann）的邀请，来自许多南美国家的研究人员和艺术家相互会面并讨论了今后可能的合作项目。非常感谢安德烈斯·伯巴诺和卡拉·贾索（Karla Jaso）为《胡安娜修女》（*Sister Juana*）做出的贡献。

集体辩论和合作研究的一个直接结果可能是，形容词“latina”被不同国家和文化之间未来可能的关系诗学概念所取代。如果我们意识到不同现代化的概念总是过于局限的话——因为它们总是让我们陷入同样的受欧洲影响的陷阱——那么这将会是一个不错的结果。

图 3-12　17 世纪墨西哥自然哲学的女英雄：胡安娜 · 伊内斯 · 德拉克鲁斯修女 [Sor (Sister) Juana Inés de la Cruz]。油画（207cm × 148cm），米格尔 · 卡夫雷拉（Miguel Cabrera，1750）

图片来源：墨西哥查普特佩克城堡国家历史博物馆（Museo Nacional de Historia, Castillo de Chapultepec, Mexico City）

4

未来考古学*

4.1 引言

中国无疑是拥有深厚的时间文化的国家之一。从考古发现的古代遗址到现代，已经产生了多样和异质的物质文化，这对于更近和更短的技术艺术历史来说也是非常重要的。这包括部分前卫的自动建筑、对钟表技术的杰出贡献、天文观测仪器、磁/电和音乐艺术品等。中国科学技术史博物馆讲述了其中一些故事，并同样清楚地表明这些故事的主角，即文物和技术系统，对于文化的当前和可能的未来是多么重要。

此外，一个全新的艺术领域已经发展了大约半个世纪，中国的画廊、博物馆和收藏家越来越多地参与到这一领域当中。简而言之，它可以被称为媒体艺术。这种混合组合指的是一种通过技术媒介实现的艺术实践。在过去 30 年左右的时间里，它不再以化学和光学机械系统（如摄影和电影）为中心，而是更多以模拟和数字电子设备、算法人工制品（如计算机和网络远程信息处理系统）为中心。

半个世纪以来，我一直在自己的媒体档案里面保存了魔术幻灯的硬件和软件，在投影设备和图像产生 150 年后的今天，仍然可以在任何地方演示它们。我甚至不需要电来激活它，只需要一些石油来点燃它就可以了。原则上，这同样适用于 16 毫米或 35 毫米格式的百年老胶片。他们来自 20 世纪的电子灵魂，在银幕上产生了更有规律的放映机运动和更辉煌的视觉条件，但这并不是一部光学机械电影性能的绝对先决条件。

随着艺术过程的电气化甚至电子化，全新的挑战出现了。不仅对艺术家来说是如此，收藏家和那些通过技术媒介展示艺术品的机构也面临着全新的任务。因为这些电子系统以及最近的数字系统的发展速度是飞快的。在很短的时间内，操作系统和播放系统都变成了媒体恐龙，记录

* 本章翻译：丁凡、曾琢、张宏睿，审校：李麟学。

媒体再也找不到任何可以播放它们的硬件、控制系统及其软件了，这使得它们就像早期的钟表结构中复杂而精确的机械装置一样难以被重建。

它是如此简单，同时又是如此复杂。博物馆、画廊和其他艺术机构现在正在展示并还将在未来展示过去和现在的作品。如果没有不断增长的创造性关系来应对基于技术或技术制造的艺术的挑战，那么这种艺术财富的很大一部分注定会消失。

艺术家可以用务实的、或者讽刺的方式来应对这些挑战，例如弗里德里希·伯尔（Friedrich Böll）在2018年与他的团队“死像素”（Dead Pixels）所做的那样。那些不再工作的可视电话被展示为技术消失后的样子：表面阴暗的狭窄容器，直到最近才能想象，它们可能就意味着世界本身。作为（媒介）考古学家，我们可以被死亡装置的美学外观所吸引，但同时这种姿态也不能完全让我们满意。我们希望尽可能看到和听到技术“活起来”的样子，它曾经被编程和被使用的样子（图4-1）。

修复者——尤其是那些处理或多或少复杂的技术文物和系统的人——依赖于保存和展览机构的合作，但最重要的是依赖于艺术家本身。他们越仔细地记录他们的作品和表演或展示的方式，它们就越有可能在未来作为一种文化遗产现象发挥作用，得以发展。三个非常不同的案例足以说明这种联系。

图4-1　弗里德里希·伯尔与他的团队“死像素”在2018年做的装置作品

案例一：

马西米利亚诺·丽莎（Massimiliano Lisa）、马里奥·塔代伊（Mario Taddei）和爱德华多·萨农（Edoardo Zanon）是 L3 小组（Leonardo3）的创始人，该集团是意大利米兰一家创新媒体公司和研究中心。他们的使命是通过创新的方法和技术，对来自深层技术文化的文化艺术品进行研究和媒介化，他们对此充满热情。他们因对早期现代的达芬奇的一个壮观的技术模型的研究工作而闻名。不太为人所知的是关于伊本·哈拉夫·穆拉迪（Ibn Khalaf al-Mura di）的一个特别项目《思想结果的秘密之书》（*Kitāb al-asrār fī natā'ij al-afkār*，英文译名：*The Book of Secrets in the Results of Ideas*）是在 1266 年从原始文本复制的，到目前为止还没有找到原始文本（图 4-2）。穆拉迪早在 11 世纪就将它撰写完成，比贾扎里在机械自动装置上有名而杰出的作品（1206）早了几十年。

穆拉迪手稿的唯一副本保存在佛罗伦萨的劳伦齐亚纳医学图书馆

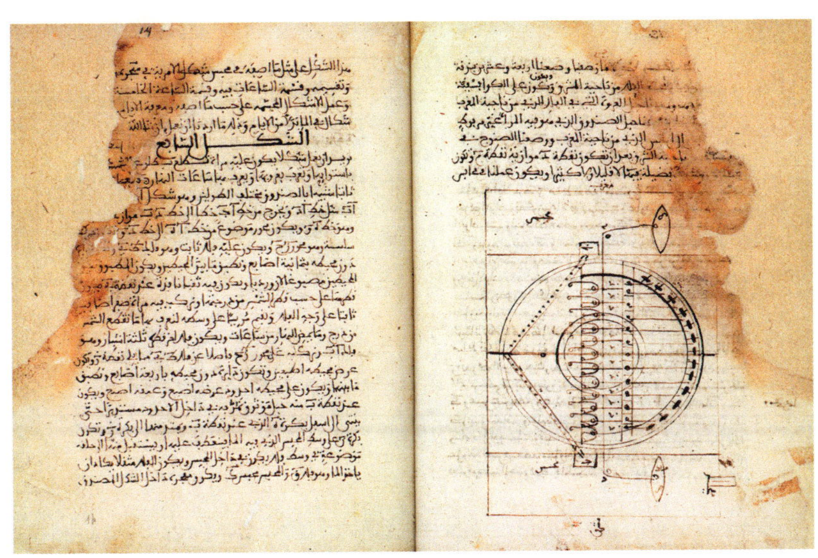

图 4-2　穆拉迪手稿的片段（1266），《思想结果的秘密之书》

图 4-3　由穆拉迪建造的用于显示时间流逝的自动机之一，由米兰 L3 小组重建

（Biblioteca Medicea Laurenziana），我曾有机会在那里研究它。这是关于力学高度精确的文字和图像工作的非常早期的证据之一，如今可以作为天才工程师的手册。在卡塔尔埃米尔的资助下，在漫长的工作过程中，L3 小组修复了 1266 年部分受损的手稿，让它可以完全被识别，并开始建造穆拉迪所描述的令人印象深刻的模型（图 4-3）。从媒介考古学的角度来看，穆拉迪所描述的许多机械装置都源自拜占庭传统和亚历山大的赫伦（Heron of Alexandria），还有一些装置则是对其他作者进一步的发展和优化——比如对一些复杂的钟表装置。[1]

1. L3 小组出版了大量关于该项目的出版物。他们对穆拉迪的工作的简要介绍可在《安拉的机器人 - 阿拉伯 - 伊斯兰文艺复兴的文物：800-1200》一书中找到。具体参见：Siegfried Zielinski and Peter Weibel, *Allah's Automata—Artifacts of the Arab-Islamic Renaissance (800-1200)*, (Berlin, Hatje Cantz, 2015)

案例二：

一个有趣的例子是我们所做的关于加泰罗尼亚哲学家拉蒙·鲁尔（Ramon Llull，1232—1316）和他的思维机器项目，这是菲利普·托格尔（Philipp Tögel）对鲁尔的《最后的普遍艺术》（*Ars Generalis Ultima*）所做的重新解释，即将鲁尔的组合造纸机转换为计算机软件（图 4-4）。该项目涉及了识别造纸机的算法，并对其进行精确描述，将其实

图 4-4　菲利普·托格尔对 2018 鲁尔造纸机的图形抽象表示。旋转的数据磁盘通过前景中的触摸板被激活和记录

现为计算机代码，从而使造纸机可以在传统计算机上作为图形表征来进行播放。我们可以借鉴柏林作家兼计算机科学家维尔纳·肯泽尔（Werner Künzel）近 40 年前的一项实验。2017—2018 年，托格尔更新了肯泽尔的软件版本，并试图将鲁尔的数字和图表的视觉图像与《最后的普遍艺术》的扩展界面提供的可能性联系起来。新软件试图在应用和图形描绘方面更接近鲁尔算法。鲁尔发明的令人印象深刻的、同时也具有标志性的图形设计语言，将在当代计算机屏幕中得到实现。

鲁尔的组合艺术基本上由三个要素组成："绝对原则"（Absolute Principles）词汇——由字母 B 到 K 表示，它们作为思想的综合集合，被认为是全人类所共同拥有的；连接原则；以及其意义层次逻辑。通过这种置换语法，它们可以组合起来形成陈述句和疑问句。加上最后一步就完成了组合学：即由规则生成的字母组合被用户读取并解释为问题或陈述。

组成鲁尔组合学的四个数字显示了它们涉及的术语和组合规则，但只是部分。用户必须从一连串字母链中自己形成陈述和问题。

为了实现他雄心勃勃的目标，托格尔不仅要研究现有软件，还要深入钻研鲁尔广泛而复杂的手稿工作，并在神学、哲学、伦理学和美学之间摆荡。从 1306 年开始，伟大的组合艺术"大艺术"（Ars Magna）的本质和结构，为今天的年轻艺术家和计算机科学家打开大门，就像一本手册一样，帮助他们解决鲁尔的形式化逻辑想法。[2]

案例三：

1963 年，当时在纽约州默里山的贝尔实验室工作的美国艺术家、工程师和程序员肯尼思·C. 诺尔顿（Kenneth C. Knowlton）发表了第一个用计算机生成电影动画的工作方法。编程电影语言 Beflix（Bell Flicks）

2. 这个项目在深度汇谈中被记录得非常详细，详见 Dia-Logos - Ramon Llull's Method of Thought and Artistic Praxis. Ed. with Amador Vega and Peter Weibel (Minneapolis, University of Minnesota Press, 2019)

是在 MACRØFAP（一种面向机器的汇编语言）的框架内开发的。诺尔顿用程序在一台 IBM7094 上穿孔，当时这台机器还非常巨大，占据了满屋子的空间。为了存储计算机中产生的图像信息，诺尔顿使用了斯特罗姆贝里 - 卡尔森（Stromberg-Carlso）4020 的缩微胶片记录器，然后将该母胶片的条带复制到 16 毫米胶片上进行放映。微缩胶卷的刻字由一个名为“照相机”的子程序控制，该子程序写在磁带上。可以把碑文想象成当时这台打字机打印出来的文字（图 4-5）。

我们现在可以知道该方法及其应用的所有细节，以及关于这个早期计算机动画项目的硬件和软件，这对于媒介考古学家来说是非常幸运的。诺尔顿不仅为我们留下了详细而准确的文本文件，而且他还制作了一部电影，他完全使用了其所描述的手段来拍摄这部电影。1963 年诺尔顿发表了“用于动画电影制作的计算机技术”（*A Computer Technique for the Producing of Animated Movies*）一文，其实讲的是一种计算机生成的缩微胶片，出于研究目的，它被转换为 16 毫米胶片的小版本电影。大约 45 年前，一次偶然的机会，我在柏林工业大学的一个垃圾箱里发现了这部 17 分钟黑白电影的一份珍贵拷贝，它本来是准备被永远扔掉并销毁的（图 4-6）。出于看过迈克尔 · 汤普森（Michael Thompson）《垃圾理

图 4-5　诺尔顿 1963—1964 年作品，贝尔实验室：程序语言 BEFLIX，IBM 7094 的宏费博技术（计算机术语）

图 4-6　作者收藏的一个非常特别的胶卷盒：诺尔顿 1963 年的电脑动画电影
图片提供：莫诺 · 克罗姆

论：价值的创造与毁灭》（*Rubbish Theory: The Creation and Destruction of Value*，1979）一书之后的直觉，当时的我把这件物品保存在铁盒里，并把它放回有价值的媒介制品链条中。

在下文中，我想重点介绍一个新的研究和教学领域，这是我几年前在媒介考古学项目中发明的，我相信它可以丰富收集 / 存档、展览以及学术机构，因为这个项目处理的是基于技术的艺术过程。我把这个领域称为未来考古学。它代表对过去、现在和未来之间令人兴奋的相互关系的建设性和战术性干预。我也相信，它可以产生令人兴奋的全新的专业活动，它们对横向知识结构和跨学科合作会感兴趣。然后我的贡献就可以到此结束了。但在此之前，我想先提出一个简短的理论框架，然后提出一个最小的案例，最后制定一个最低限度的案例研究，它可以被看作是该领域项目的通用手册。

4.2 起点未来

能通过过去的呈现来思考、梦想、起草和配置未来的可能性，打开了一个非常特殊的实验空间。未来考古学既是一个思考空间，也是一个实践空间。从这个角度看来，未来考古学既是一种认知—思辨实践，也是一种自发实践。如果我的贡献可以归结为对这个概念的简明描述，那我这样做有两个动机。

第一：未来的现实，包括即将到来的礼物艺术，显然是不会凭空出现的。它们总是从过去的现在和那些我们称之为历史复杂性的积淀中产生。既然我们无法知道未来，海德格尔提出的等价性——即它与过去保持一致——就毫无意义。海德格尔的等价（Herkunft=Zukunft；起源，或派生 = 未来）将过去置于未来时间的首要地位。简而言之，它排除了时间体验的以下两种模式。

让过去服从未来的要求，这并不像乍看起来那样，是一种生态耦合的姿态，而恰恰是一种损耗。至少在过去的 150 年里，我们目睹了对地球能源资源的开发，这一点已经变得非常明显。在文化领域，历史本身已经成为有待开发的无限资源。然而，未来考古学废除了这个简单的等式，并将这些繁琐的本体论概念多元化，从而再解构它们，同时，还允许在这两种时间取向的关系中，进行开放的互动，即起点未来。

第二：在过去的三十年里，许多艺术家已经接受了挑战，介入了他们自己作品未来可能的历史编纂当中。两个杰出的例子是电影制作者和哲学家让 - 吕克 · 戈达尔（Jean-Luc Godard）和维尔纳 · 内克斯（Werner Nekes）。戈达尔在 1989 年至 1999 年的十年间创作了《电影史》[*Histoire(s) du Cinéma*]，这是一部宏伟而独特的作品，戈达尔不仅用自己的电影表现手法诠释了一整个世纪的电影史，还在这一参照系中反思了他自己的作品（图 4-7，图 4-8）。在 1985 年和 1996 年，内克斯制作了一个奇妙

图 4-7　戈达尔的《电影史》（第 2 部分），1989

图 4-8　最初，戈达尔计划将《电影史》作为 19、20 世纪大众媒体（电影和电视）的历史
图片提供：莫诺 · 克罗姆

的六个部分组成的系列，他称之为《媒介魔术》（*Media Magica*）。在这个系列电影中，他展示了最大以及最合格的私人收藏的图像制作技术文物，主要用于电影，同时还组织出对他作为电影制作人、收藏家和图像研究者一生工作的深刻见解（图 4-9，图 4-10）。

图 4-9　内克斯在位于德国米尔海姆（Mühlheim）的“珍奇屋”（Wunderkammer）[3] 中制作了《媒介魔术》系列电影
图片提供：莫诺 · 克罗姆

图 4-10　内克斯在“珍奇屋”内的实验室
图片提供：莫诺 · 克罗姆

3. 译者注：珍奇屋是 15—18 世纪欧洲贵族存放珍奇物品和藏品的小房间，是现代博物馆的前身，珍奇屋以其无限小的空间容纳了无限丰富的内容。

这只是当代媒体艺术的一个例子。最重要的是，日本艺术家藤幡正树的近期作品遵循了一种叙事逻辑，根据这种逻辑，历史不能简单地作为创作新作品的资源。相反，艺术家创造了他的早期作品与现在的图像和通信技术之间的接触。通过这种方式，旧的作品被重新诠释。在他出色的档案互动阅读作品中，这种姿态达到了其他艺术家尚未达到的品质（图 4-11）。[4] 那些被暂停在媒体记忆中的东西，一旦通过当代图像机器重新实现，就会变成一种与历史的诱人张力。

或许藤幡正树重新运用了全球定位系统，这是一种远程信息处理观测和定位技术，他在几十年前的“实地研究”（1992 年及其后）中就已经在使用这种技术，并将其与当今图像和网络技术所提供的可能性联系起来。他的互动艺术作品《互相平行》（*Being Parallel*，2019）就是这样一台机器，旨在将过去的日常体验实现为现在的图像体验。这部作品

图 4-11　由藤幡正树（Masaki Fujihata）创作的《BeHere》增强现实公共艺术项目，香港，2019

该项目参考自香港 20 世纪 40 至 70 年代人们的快照和日常生活影像，再邀请演员演绎场景，利用摄影测量法通过 70 部相机 360° 拍摄，创造出立体形像。这些虚拟形像透过增强现实 (AR) 呈现在湾仔 10 处不同的公共空间。（资料来源链接：https://apps.apple.com/cn/app/behere-hkact/id1439010781）

---

4. 参见：Anne-Marie Duguet (ed.), Masaki Fujihata (Paris, édition anarchive, 2016).

的吸引力在于，艺术家研究和再现那些日常时刻，与此时此地的听觉联系在一起。过去和现在一起转化为未来的潜在空间。在移动智能手机的二维屏幕上，一个平行世界出现了，它们在视觉感知和时间上共存和交叠。我们在这里遇到的其实是量子现实的缩影。

未来考古学是与最有影响力的基督教牧师和哲学家希波的奥古斯丁（Augustine of Hippo，354—430）典型地解释为自己的时间探究计划（research into time）相对立的计划。根据奥古斯丁的说法，时间是还不存在的未来，进入到无法持久的现在，然后又流入不复存在的过去。相反，未来考古学则认为，自己是一种驻留在此时此地的愉快的活动。

未来考古学是看似矛盾的抽象混合物，本质上是一种按照两个相反的时间箭头运作的实践。其中一个箭头垂直指向仍有待探索的文化的深层时代，对我来说，由于艺术、科学和技术之间相互依存的关系，这一时代将永远被重塑。另一个箭头从现在指向一个持久且不透明的未来。媒介考古活动及其相关艺术实践的乌托邦潜力就在于将这两个时间箭头联系起来的可能性，这样一来，这个特殊的时间机器里的乘客就不会在这个过程中被撕裂。继续在旧世界中寻找和发现那些已经消逝了的多样性和特殊性的轨迹，是令人厌烦的，并且不可避免地会导致深刻的忧郁。但是，为了未来的礼物，从过去星座的异质性和丰富关系中学习并从中获得智力上的好处，是一个诱人的挑战。只有这样，我们的实验时间机器才能成为一个制造惊喜的发生器。[5]

我想通过未来考古学来帮助我们打开思想和行动的领域，它有一些福柯式的东西。米歇尔 · 福柯的考古学概念在他的具体研究中总是以一种两面性方式展开。一方面，它总是与档案遗迹、资料、对特定过去和

5. 这是生化学家玛伦 · 霍格兰（Mahlon Hoagland）开发出来的一个概念。它植根于将艺术实践作为连续不断的实验的理解中。

现在的精确分类系统紧密联系在一起。另一方面，它又渴望走出档案——进入另一个可能的时间，进入一个潜在的替代状态。后面这种性质是福柯后来谱系学概念中的战术因素，它与考古学中早期的战略因素不太一样。它也代表了福柯思想和行动中的好斗的要素，无政府主义，越界。它希望完全越出常轨。

4.3 两个案例研究

下面，我将概述两个简要的案例研究，以说明未来考古学如何能够作为一种扩展的诠释学和诗学实践来发挥作用。为此，我有意识地选择了两种非常不同的技术范畴的案例：案例一是一件远离欧洲和东亚的物品，或者更确切地说，是一件位于西方和东方之间的物品——它于 9 世纪在巴格达被制造出来；案例二是于 1922—1923 年间在亚欧两个城市举行的一次技术交响乐活动，这两个城市都在当时刚建立的苏联境内，它是一场始于 20 世纪初的大型音乐演出。

案例一：

2015 年，我和柏林艺术大学（Berlin University of the Arts）的一个团队重建了（或者也有可能是第一次建造）一个有近 1200 年历史的机器人。[6] 这个通用的音乐机器人是由三个年轻人设计的，他们在数学和机器制造的历史上被称为巴努穆萨三兄弟。[7] 穆罕默德、艾哈迈德和哈

---

6. 该团队包括来自中国的机电工程师兼程序员梁志鹏，俄罗斯程序员和工程师佩蒂亚·伊万诺娃（Petja Ivanova），来自德国的考古绘图员兼动画师奥利维亚·冯·皮尔格林（Olivia von Pilgrim）和设计师斯蒂芬妮·劳（Stephanie Rau），奥地利柏林生成美学教授阿尔贝托·德·坎波（Alberto de Campo）。

7. 德黑兰的科学和技术博物馆最近制作了一本关于巴努穆萨兄弟的一些作品的图画书，图书的内容主要基于他们大约 830 年在巴格达（德黑兰，日期未知）写的手稿《精巧装置之书》。

桑是穆萨·伊本·沙克尔的三个儿子，沙克尔原本是一伙沙漠强盗的首领，他由此获得了巨大的财富。由于他与巴格达哈里发马蒙的友谊，沙克尔的儿子们被允许在“智慧之家”学习，这是一个可与后来的大学相媲美的早期教育机构。三兄弟的学术工作首先包括翻译的组织、执行、评论和阐释。激发他们好奇心的研究领域非常广泛——从数学到几何学，从力学到气体力学，从音乐到天文学——相当于我们今天所说的跨学科。佩尔加的阿波罗尼奥斯的写于3世纪的、关于圆锥曲线的数学几何巨著，第五卷到第七卷是用希腊语在亚历山大写成。如果不是因为巴努穆萨兄弟的翻译，它永远不会到达欧洲。因为希腊文本已经不可挽回地丢失了。[8] 亚历山大的赫伦的力学中有相当一部分也是如此，如果没有他们的翻译，自动机对于阿拉伯—伊斯兰世界以及早期现代欧洲来说将是不可想象的。

我们重建的音乐机器人可以追溯到9世纪中叶的一份巴努穆萨的手稿（图4-12）。《自动演奏的乐器》（*Al-Alat Illati Tuzammir Binafsiha*）[9] 是穆萨兄弟对其中描述的机器结构所起的名字，他们将其描述为一个可以自动运动的装置。此外，上文引用的文本标题提到了他们赋予该技术的普遍意义。他们显然希望，这个发明可以被理解为和古波斯长笛（Sornā）演奏的具体表现没有关系。在中国古代文学以及古希腊和亚历山大文学中，人们都知道，以水和气体驱动的小鸟和长笛演奏机器。动力问题最先进的技术解决方案要归功于阿波罗尼奥斯。他已经发明了一种复杂的液压气动装置，只要确保源源不断的水流，他的拟人木偶就可

8. 参见：Apollonius of Perga, Conics, Books V to VII. The Arabic Translation of the Lost Greek Original in the Version of Banū Mūsā, two volumes, ed., trans. and comm. by Gerald J. Toomer (Heidelberg, Berlin, New York, Hong Kong: Springer, 1990). 这个文本机器，也以对安拉的祈祷开始，这是穆斯林思想家手稿的典型：“以真主的名义，仁慈的、宽恕的。我没有成功，除非通过上帝”（《巴努穆萨》前言，第二卷，620页）。

9. 参见：George Farmer, *The Organ of the Ancients* (London, 1931). 在“安拉的机器人”（*Allah's Automata*, 2015）的展览目录，手册的完整翻译被打印出来，同时打印出来的也包括乔治·萨利巴写的一篇文章，主题为作为照相底片的唯一幸存形式的起源。

图 4-12 巴努穆萨兄弟在我们对音乐机器人进行改进和重建之前的一页原稿

以不间断地吹奏长笛。由于采用了圆形结构——当第一个容器被倒空，第二个容器中的水被装满，并给长笛手排出空气——这时，该机器人就具有了字面意义上的恒定能量流。[10]

巴格达迪的三位王子建造了一个完整的音乐机器人，不仅可以改变它的节奏，还可以输入精选的旋律。乔治·法默在他对部分手稿的英文翻译中引用了巴努穆萨兄弟所陈述的意图："我们希望解释一种乐器……是如何被制造出来的，它可以按照我们的希望连续演奏任何旋律……有

10. 参见：Eilhard Wiedemann, on musical automata, in: Sitzungsberichte der physikalisch-medizinischen Sozietät in Erlangen, ed. Oskar Schulz, v. 46, 1914 (Erlangen: Max Mencke, 1915).

时以缓慢的节奏……有时以迅速的节奏，而且当我们希望的时候，我们可以从一个旋律换到另一个旋律。”[11]

这个机器人的跳动的心脏和真正壮观的方面就是液压驱动的旋转凸轮圆筒，它作为程序的物质载体。表面是用木头或金属制成的环，上面有不同长度的销钉。根据这些木钉或金属钉在它们各自的环中排列的间隔以及每个环与其他环之间的距离，机械齿轮传动装置要么可以打开或关闭古波斯长笛的阀门，要么可以打开或关闭管风琴的阀门，或者激活其他一些发声元件。销钉沿着圆柱体放置的方式制定了音乐指令，也就是乐器的程序。硬件与旋转凸轮圆筒在原理上是相同的，就像500年前中世纪晚期的欧洲钟琴中也使用了差不多的装置，之后，在欧洲文艺复兴时期的机械风琴中，以及在启蒙时代的音乐和打字机器人中，也可以看到这一装置。

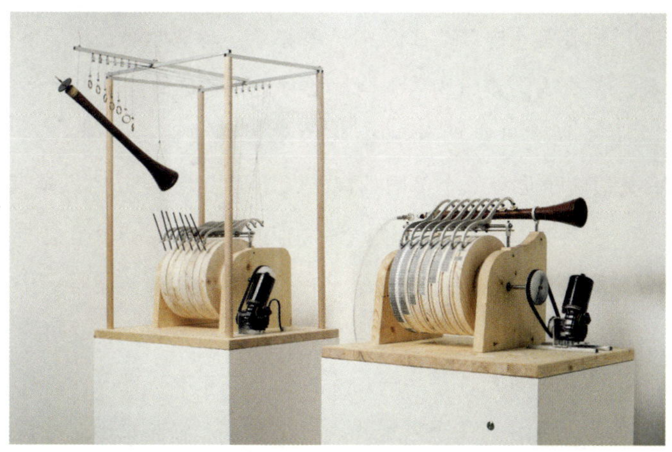

图4-13 自动演奏的乐器：录音机（左），演奏者（右），2015。作者在柏林艺术大学根据巴努穆萨兄弟850年的手稿重建的模型

11. 引自：Farmer, *The Organ of the Ancients*, 88；此处省略了法默保留在括号中的阿拉伯字符。上述引文也取自本书。

然而，我们的重建团队决定采取一种稍有不同的方法，这种方法被证明适合长达数月的展览。我们并没有通过在滚筒上安装销钉或其他方式提升其表面来创建音乐播放程序，而是在滚筒上研磨各种凹陷。这二者的力学—动力学效应是相同的。[12]（图 4-13）

这项重建工作对参与者的影响是巨大的。当然，我们学到了很多关于 1000 多年前如何通过自动化来控制物理物质的知识。我们了解到，通用机器的想法和正式指挥结构的概念——也就是算法人工制品的想法——其实并非源自军事理论和实践，也不是20世纪欧洲历史上特有的。我们也学会了谦虚，并将欧洲现代性视为是其他现代相关事物的影响或后果，可以说，这些相关事物在文化背景中暂时处于上游，而欧洲现代性却很迅速，并且永久地把它们宣判为原始，甚至野蛮的。

案例二：

“工厂的警笛在呼啸。工厂喇叭举办了一场音乐会。音乐和歌曲都是无声的。只有人，旗帜和人。国际的声音在人群的波浪中飘荡。”

“这个奇怪、出色的管弦乐队的乐器是彼此分散的：在莫格斯（Moges）的院子里有一个简陋的建筑，上面安装了 50 个机车汽笛和 3 个警报器。在莫斯科河的另一边，劳动宫的对面，则安放着打击乐器，它扮演着鼓和炮的角色。红军部队正在进行排枪射击。指挥……我不得不站得比平时高一点，站在一座四层楼的大楼的屋顶上，这样河两岸都能看到他。各就各位！音乐学院的学生们，其中有一些孩子，急着走向连接着喇叭的电线杆。每个喇叭代表一个音符。在屋顶上，指挥发出信号。之后，隆隆的鼓声就响彻在扎莫斯克沃雷奇耶（Zamoskworetschje，

12. 机器人在其他地方展览，在 2018/19 年的关于运动的艺术展览中呈现——是通过媒体交流的 100% 的杰作。一个战略能手——由皮特 · 韦贝尔和西格弗里德 · 齐林斯基策划（卡尔斯鲁厄 ZKM 艺术中心）。

南莫斯科的一个区）。接下来发生的事情只有那些远在千里之外的人才能听到。另一方面，参与者和那些在表演空间里的人只关心如何尽可能地牢牢塞住耳朵，这样他们的耳膜就不会破裂。”[13]

这两段引文摘自一篇对一场音乐会的当代评论，这场音乐会只演出过两次：1923 年 11 月 7 日中午在莫斯科市中心，以及 1922 年在阿塞拜疆首都巴库。这一事件是有史以来城市世界上演的最具震撼力的交响乐。它的作曲家是东科萨克 · 阿森纽斯 · 米哈伊洛维奇 · 克拉斯诺库茨基（Donkosak Arsenij Michajlovich Krasnokutskij，1886—1944），他也以阿夫拉莫夫（Avraamov）的笔名工作。他是一位音乐理论家和声学研究者，制作了许多新乐器，并发明了他自己的 48 个音的通用音调系统，他还自己创作音乐，在罗斯托夫和莫斯科的音乐学院任教，并在年轻的苏联（包括大学城喀山）担任临时高级政治职务。在宣言和小册子上签名的时候他用三个字母“ARS”（图 4-14）。

图 4-14　1922 年俄罗斯作曲家阿夫拉莫夫在巴库创作了《号角交响曲》
图片来源：勒内 · 弗洛普 - 米勒，布尔什维主义的思想和面孔，1928 年

13. 引自 S. 鲁缅采夫（S. Rumyantsev）在苏联音乐杂志上关于“共产主义钟声”（Communist Bells）的文本（1984 年的第 11 版）。这个文本毋庸置疑是这个音乐盛事的最精确的描绘。我想要感谢莫斯科特雷门琴中心的安德烈 · 斯米尔诺夫，他使我获得这个资源，同时感谢卢德米拉 · 沃罗帕伊在翻译上的支持。

《号角交响曲》[*Horn Symphony*，又称《塞壬交响曲》（*Symphony of Sirens*）] 在莫斯科和巴库的两场演出在细节上有很大不同。在苏联首都，演出于下午 12:30 开始，伴随着一声炮响，向所有参与者和城市居民发出了开始的信号。随后，号角响起，刺耳的声音让人想起采矿船发出的信号。伴随着步枪和机枪的齐射，《国际歌》随后响起，由一个庞大的青年近卫军合唱团演唱。经验丰富的机枪手不仅能模仿击鼓动作，还能做出复杂的节奏图形……在红场上空，二十架在交响乐的不同地点使用的飞机同时击鼓。而关于在黑海城市巴库举行的首映式，我们掌握了更准确的信息，由于其丰富的石油资源，在历史上多次激起各种欧洲侵略者的欲望，它的外围被一条密集的巨大金属油泵带转化成了一个幽灵般的机器景观。在《巴金的工人》（Bakin's Worker）一篇报道中，阿夫拉莫夫发布了执行事件的精确指令，使场景变得更容易想象。交响乐当时由三个部分组成，每个部分由 25 发炮弹所分割。我间接地引用了这位作曲家的描述，以便提供额外的解释和澄清。

第 1 部分，“警报”（Alarm）**：** 通常在革命庆典的这个时候，鸣响的正午钟声被取消了。在第一声炮响之后，港口船只的鸣笛声在 12 点准时开始。在第五次加农炮射击后，增加了货物装卸区的喇叭，在第十次加农炮射击后，第二组和第三组工业喇叭紧随其后。在第 15 次射击后，伴随着港口舰队的警报声，第一组工业喇叭响起。与此同时，大铜管乐队开始演奏《华沙旺卡》（*Warsawanka*）。在第 18 次射击后，飞机和其他飞机一起发出震耳欲聋的噪音。20 枪后，火车站的喇叭声和停在车站的机车的鸣笛声响起。在作曲家的旗帜信号指挥下，机关枪和蒸汽管弦乐队同时开始奏响。随着最后五声炮响，第一部分达到了高潮，以第 25 声炮响结束，随后暂停。由蒸汽锅炉组成的管风琴在交响乐演出中起到了领奏乐器的作用。由于有 17 种不同的音调，机械师们就可以用最基本的方式在上面演奏《国际歌》。

第 2 部分，“战斗”（Kampf）**：**三重警笛和弦。飞机飞得更低了。机器从港口发出“万岁”的声音。《国际歌》四重和弦。在第二段中间，联合管弦乐队开始演奏《马赛曲》。当《国际歌》旋律反复响起时，聚集在中心广场上的群众就接管了唱诗班的职能，将全部三段唱完……当《国际歌》响起时，周围所有的工业喇叭、车站的车辆和机车都鸦雀无声。

第 3 部分，“胜利的神化”（Apotheosis of Victory）**：**它以庄严的和弦开始，伴随着持续几分钟的机枪声音和城市钟声的鸣响。群众的仪式游行开始，伴随着两次以上《国际歌》的声音。交响乐最后以巴库及其地区所有工业号角的和弦结束。

阿列克谢 · 卡皮塔诺维奇 · 加斯特夫（Aleksei Kapitanovich Gastev）是记者、作家、电车司机、教师、金属工人、苏茨达尔（Suszdal）工会会员，1910 年至 1920 年间的大部分时间里，他都在监狱、劳改营、逃亡或流放中度过，他的诗歌为《塞壬交响曲》提供了充沛的灵感。他属于圣彼得堡彼得格勒岛未来场景中的自由激进分子。1913 年至 1920 年间，在进行政治活动的同时，他还发展了一种完全由技术精神驱动的激进的时间经济学，并将其概括为“机械的”（machinic）。1920 年，他在里加出版了最后一本诗集。它由十首诗组成，他将其命名为《一揽子命令》（*A Package of Orders*）。这些早期无产阶级文化的诗歌《十诫》的形式美学关键是，由一个单词组成的诗句，包含机器命令或行动指令。加斯特夫跨越了艺术和日常生活的边界，他先是在莫斯科，后来也在早期苏联的其他城市建立了研究机构，对作品进行系统研究。梅耶荷德（Meyerhold）的生物机械剧院（Bio-Mechanical Theatre）和爱森斯坦的双力学（Bimechanics）类似，他也想发展一种基于机械的二价代码（轮毂和舒布 / 冲程和推力）的劳动经济，这与该国笨重的农业生产方式形成了鲜明对比：它们完全由机器的节奏决定，与机器融为一体，遵循无产阶级人—机的理想，即一个活生生的专家系统的集合体。

2017 年，捷克共和国布尔诺爱乐乐团与德国巴伐利亚广播电台合作，请安德烈亚斯 · 安曼（Andreas Amman）和 F. M. 因海特（F. M. Einheit）担任艺术总监的一群艺术家重新演出《塞壬交响曲》（我被邀请饰演阿夫拉莫夫，背诵加斯特夫的文本，他是我为媒介艺术研究重新发掘出的人物）。由于当时没有对这些非凡声音事件进行录音，重演不得不完全依赖于表演报告，当然，也依赖于数百人的热情参与（图 4-15—图 4-17）。[14]

图 4-15　2017 年在布尔诺的演出：前景是因海特（右）和安曼（左）的核心乐队

图 4-16　齐林斯基于 2017 年在布尔诺的演出时饰演阿夫拉莫夫
图片提供：莫诺 · 克罗姆

14. 这项演出的再次呈现参见网站：https://www.br.de/fernsehen/ard-alpha/programmkalender/ausstrahlung-1464208.html（2020 年 8 月 20 日）

图 4-17　2017 年齐林斯基在布尔诺演出时的舞台布景
图片提供：莫诺 · 克罗姆

4.4 瓦德 · 梅库姆

对于所有那些积极致力于媒介考古学的艺术家和艺术研究者来说，这种考古学近似于一种关于技术及其独特特征的材料学[15]——在下文中，

15. 我从让 · 杜布菲那里借用了这一概念，他在 1957 年至 1961 年间，用这一概念命名了一个绘画门类，试图探索地球和天空之间的世界。参见：Matériologies des Jean Dubuffet (Frankfurt/Main: Cordier, 1961)。布鲁诺 · 拉图尔告诉我，这个概念可能源自乔治 · 坎吉尔海姆（Georges Canguilhem）的学生弗朗索瓦 · 达戈涅（François Dagognet）。

我将为未来考古学撰写一个简短纲要。我认为这是一本关于知识生成的特殊策略的小型手册，我希望将来在大学实验室和艺术学校中看到这一策略的实施。个别步骤或动作不应被认为是按严格时间顺序发生的。在实验实践中，它们应该相互缠绕，重复交叠。

成功的发现而不是徒劳的寻找

这是一种福柯式姿态，它与一个特殊的研究运动相对应：即研究那些偶然的、被推到一边的、被当作刺激物而抛弃的、被绕道而行的东西，

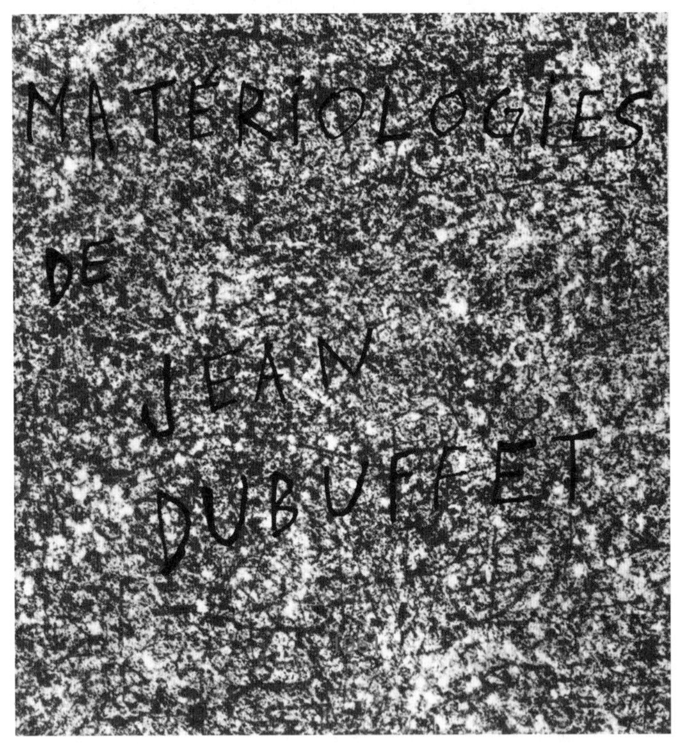

图 4-18 杜布菲给予材料学的定义是“天地间相互关联的信息”
图片来源：Matériologies des Jean Dubuffet (Fran-kfurt/Main: Cordier, 1961).

所有那些已经消失在工程学和自然科学的死胡同和迷宫中的东西，让这些东西冲击我们现有的知识。如果在这个过程中产生了意外，这是一个非常好的迹象，人们应该尝试系统地追逐它们。在对二手文献的研究中，某些对象或事件会引发我们的好奇和惊讶，这是知识对象的欲望轮廓开始逐渐显现的地方——包括其历史语境。

对源代码的系统追踪

就精确建造和运作的人工制品和具体的技术系统而言，未来考古学不依赖于他人的推测、解释和翻译，一个能取悦语言学家的熟练的语言游戏可能有助于巧妙创造隐喻，但却不能作为重建技术对象的充分基础。因此，未来考古学的第一个问题是，所讨论的人工制品和具体技术系统的发明者或设计者是否自己撰写了任何文本、描述、草图甚至手册。像这样的文档在以后的重建中享有源代码的特权地位。它们相当于计算机程序的可读基础，可以翻译成机器语言，并在其具体应用中控制程序。

翻译 / 描述

根据我对源代码的理解，它来源于程序员或工程师的一手资料，并且是用生成它的人所掌握的语言编写的。这意味着我必须找到第一手描述或手册的原始语言版本。如果这种语言对我来说不够容易理解，以至于我不能理解它的描述性和解释性细节，那么我必须寻求一位合格的译者来合作，最好是一位科学和艺术领域的研究人员。我更愿意与精通该对象起源的历史时期并具有基本技术知识的人合作。如果存在我的语言的早期翻译或其他语言的翻译版本，则应进行验证并与原始来源进行比较。渐渐地，通过这种方式，一本新的主要手册就诞生了——对于那些希望重建人工制品或人工制品集合的人来说，它的语言应是清晰易懂的。

扩展诠释学

博物馆和传统档案可能主要对获得已丢失物品的最精确的副本感兴趣。然而，未来考古学是一种通过过去将知识带入到未来的潜在空间的策略。这就是为什么其他认知事物是我们关注的中心。我们好奇的对象最值得注意的使用价值是什么？哪些特征与其今天的重建特别相关？我们今天如何将对象概念化，而不是以历史化的方式使用它？在它自己的时代，什么材料会被用来建造它，什么材料会被用来重建它，以至于它的性能可以被优化——为了它自己——而不会同时废除它的起源？所有这些都属于扩展诠释学问题，媒介研究迫切需要进行相应的实践。20 世纪六七十年代，作为语言学、诗学，我们已经强烈地要求戏剧和语言学的学生要将文学概念扩展到包含哪些先进的技术媒介。这是为了使我们能够理解由文本、图像、声音和各种硬件整体所组成的交流，并在一个开放性的行动框架内去解释这些内容。今天，既然传播的技术方面已成为主导，那么扩展诠释学中的广泛实践早就应该进行了：不仅在贯穿个人内部的“媒介—人”和“媒介—机器”的界面上，而且还应该在机器本身之间的界面上进行。

经验与概念形成

在生物学家和科学史家汉斯约格 · 莱茵伯格（Hansjörg Rheinberger）关于加斯顿 · 巴什拉（Gaston Bachelard）和阿尔伯特 · 弗洛肯（Albert Flocon）的精彩著作中，读者会发现一个重要的洞见。一方面是哲学或科学思考，另一方面是感性的经验，二者结合起来不会形成一对不可调和的矛盾，甚至不会形成温和的对立。但在制作的时候，经验总是要优先于抽象。未来考古学既是一种反思活动，也是一种创造（poietic）活动，是一种创造思维和行动，它属于一种思辨理性的语义范畴。在这里，我热情地赞同莱茵伯格关于巴什拉诗学（vis-à-vis

Bachelard's poetology）的总结性思想：“他将诗人作品中的决定性因素视为艺术家作品中的决定性因素——以及科学家作品中的决定性因素——他们对未来持有开放态度。他们向外拓展，被他们所涉及的材料所激发。”[16]

跨学科对话

根据要建造的人工制品或具体技术系统的特性和复杂性，人们应组建一支具备执行各种任务所需能力的专家团队，包括工程师、机械师、木匠、电工 / 电气工程师、程序员将与艺术家和设计师、媒介考古学家和翻译家一起工作，来实现这些目标。理想的情况是，该团队将由具有混合资格的人员组成——例如，受过编程培训或精通其他一些技术技能的艺术家——他们同时对历史辩论和概念工作有浓厚兴趣，并且能够通过持续对话，为实现重建做出创造性的贡献。

精确的文字学

单个的预期考古项目不会随着技术对象的完工而结束。20 世纪 80 年代初，我在柏林技术时代语言研究所（Berlin Institute for Language in the Age of Technology）担任机械工程师、文学和媒介学者弗里德里希 · 克尼利（Friedrich Knilli）的助理时，就已经开始理解对技术人工制品和具体系统进行精确描述的重要性，这不仅是为了同时代的特定小圈子，也是为了复杂技术事物的未来使用。当时，我们甚至成立了自己的“技术文档”工作小组，在该背景下，我们起草并测试了一种前瞻性技术评估，其中包括西门子开发的 Unix 机器的软件描述。在这里，我第一次了解

16. 引 自 Hans-Jörg Rheinberger, Der Kupferstecher und der Philosoph. Albert Flocon trifft Gaston Bachelard (Zu-rich/Berlin: diaphanes, 2016), 82.

到精确的文献学和精确的诗学的实践和要求，其是与技术上扩展的文学概念合作的必要前提。书写已经存在了几个世纪，并且仍然是最可靠的存档媒介。

4.5 作为结论的请求

技术（technique），在物质意义上被理解为一种绝妙的人工制品——是从一系列活动中产生的，在这个过程中，自然的各个部分首先根据特定的计划被分解，在某些情况下，甚至被分解到最细微的元素。因此，我们到达了这样一个时刻：现实只有通过纳米技术或电子动态处理来实现，就像以数字和模拟两种模式运行的最新的混合机器一样。[17] 然后，这些元件随后被重新组装成与它们先前所处顺序不同的顺序。在这样的转变过程中，自然事物的不完美被吸收到新秩序的人工性中——这是实验中最令人兴奋的方面之一。

既然自然中不可能有完美，那么技术中也不可能有完美，艺术中当然更是如此。我们所发现的一切都只是为了尽可能接近最高的精度，最完美的美。总而言之，人工创造的事物“无处不在的缺陷”[18] 引导我更精确地定义未来考古学中惊奇的制造者在方法论上的目标。我正在为最精确的语言学辩护，它不是完美的，而是精确的和仍然美丽的东西，为了支持、促成和转变与他人的对话，把它们变成一个轰动的、壮观的、甚至是可耻的场合。

---

17. 我在这里指的是由海德堡大学基尔霍夫物理研究所的卡尔海因茨·迈耶和他的研究小组开发的神经形态计算系统 BrainScales。

18. 亨利·彼得罗斯基（Henry Petroski）在《铅笔：设计与环境的历史》（*The Pencil: A History of Design and Environment*，1990）和《小事情思考：为什么没有完美的设计》（*Small Things Considered: Why There Is No Perfect Design*，2003）中使用了这一概念。

这一请求包括了这一建议：博物馆、美术馆、学院应为常驻档案工作者开发和提供特殊项目。对于通过媒介创造的艺术来说，起源和未来之间的联系尤其紧密。他们表现得越不传统，他们与历史的联系就越紧密。自 20 世纪下半叶以来创作的许多作品可能会面临着被文化遗忘的危险，或者在未来只能以原始文献的形式出现。创建或保存它们的技术载体已经过时，不再存在于当前版本中。记录经常被损坏，或者在计算机控制的情况下被破坏。程序是以一种“文化—技术”的姿态编写的，这种姿态在今天是不可理解的，或者只能用艰难的方式重建……由此给档案、博物馆和收藏品带来的挑战是巨大的。现在和未来的档案工作者都需要复合型的研究人才。他们应该精通计算机和信息科学，就像他们精通艺术和媒介考古学以及批判性档案学一样。

5

异托邦场所

作为展演现场的城市*

在 2018 年的威尼斯建筑双年展上，我和 URBANUS 都市实践建筑设计事务所刘晓都在一次会议中热烈讨论了一项雄心勃勃的计划，内容是在兴隆谷打造一个新的艺术区——XL 谷。你们将会对这个项目感到似曾相识，它的基本构想是要为艺术和艺术家们打造一个田园牧歌式的天堂。项目地点靠近首都北京，与繁华都城并置，甚至有过之而无不及。大城市的定位，周边是未开垦的自然环境，风景秀丽，堪比一处人造天堂。

会议在一个特别的地点举行——9 世纪威尼斯公爵宫殿的一处隐蔽而安静的房间。与会者对此想法表示赞赏。XL 谷建筑构造的理念独特，美学出众。作为一名辩证思想家，我无法解决生活中的矛盾，但是可以作为艺术和媒体的考古学家和变异学家来研究它们。我必须扮演密探的角色，在这个功能中，我冒昧提出了一个强烈的带有挑战性的问题：艺术家究竟是应该生活在靠近天堂的地方，甚至在天堂里面呢？还是靠近地狱更好？自从几十年前开始和艺术家们一起工作以来，我的观点很明确，而且一直未变：艺术家生活在土星环上[1]就像在家一样，基本上都是忧郁的。他们需要接近大城市中的诱惑、感觉和杂念，可以说是“都市丛林”。《都市丛林》(*Jungle of Cities*)是德国现代主义作家贝托尔特 · 布莱希特（Bertolt Brecht）的戏剧作品，创作于一战后 1921 年到 1924 年的德国。

5.1 邂逅的物质主义

20 世纪 90 年代初，我获准在德国科隆创建第一个媒体艺术学院的时候，目的是为探索艺术、科学和技术之间的互动。我们的实验被安置

---

* 本章根据齐林斯基在 2020 年同济城市传播论坛上的演讲记录整理。本章翻译：林华，审校：丁凡。

1.《土星之环——英国朝圣之旅》（*Die Ringe des Saturn – eine englische Wallfahrt*）是历史学家和作家温弗里德 · 格奥尔格 · 泽巴尔德（W. G. Sebald）于 1995 年创作的一本引人入胜的书，他于 1992 年沿着英格兰东海岸进行了为期六天的徒步旅行，并以他的观察作为反思世界以及他自身在其中存在的起点。

在一些各式各样第二次世界大战后的建筑里，它们大多数空间非常逼仄、幽暗，基础设施残破不堪。这些都是不利条件，但是也有一个关键性的好处，那就是这些建筑都在科隆的市中心。当然就城市的规模而言，科隆无法跟上海相提并论，当地市政府也希望我们把学校建在城市的边缘地带。在 20 世纪 90 年代早期那里有高新科技和信息技术公司、电影制片厂以及其它的一些面向大众传播消费品市场的企业，对于政府而言，我们作为一所备受瞩目而有吸引力的新型大学，应该像磁铁一样吸引新音频媒体、计算机和远程信息技术领域的青年才俊。

我坚持强调艺术家们要留在城市的中心地带，他们需要感受生活的节奏和矛盾，需要全身心去体验一切积极或消极的紧张和振动。就这个观点，我一直没能成功说服那些决策者。在一次具有决定性意义的会议上，我提出了一个条件，其中包含我的一个基本理念，它的核心是“邂逅的物质主义”[2]。我说我们同意搬到城市的边缘，搬到你们规划的新建筑里面，但是有一个条件，在我们搬过去之前，你们得把市中心的那些最酷的俱乐部，最疯狂的咖啡吧，最好的电影院，以及最好的音乐俱乐部统统都搬过去，作为学校周边配套基础设施先落实了。否则我们不可能吸引国际上最好的艺术家和学生到这所大学来工作和学习。当时的市领导听完我这么说之后，觉得这个条件没法办到，他也理解了我们为何一定要扎根在市中心。就这样，这所学校一直成功运作至今，现在学校举办展览就把场地扩张到周边的一所老教堂附近。学校的图书馆和计算机实验室也延伸到一座古老的贸易大楼，这是一座 13 世纪早期古罗马时期的地面建筑，是我们所梦想的物质主义的理想建筑对象——古老和新颖的碰撞，在过去和未来深刻的时间文明之间，在建造的现实和真正的现实之间（图 5-1）。

2. 这是由法国马克思主义哲学家路易 · 阿尔都塞（Louis Althusser）提出的概念。

图 5-1　位于科隆市中心的 Overstolzenhaus 大楼

Overstolzenhaus 大楼，由一个富裕的贵族家庭在 1225 年左右建造。20 世纪 90 年代初，媒体艺术学院的第一个计算机实验室在这里成立，还有一个当时非常现代化的工作室。今天，它是世界上第一所艺术和媒体大学的图书馆。

在这个小故事中包含了一个重要的讯息，它实际上发生在现实中，那就是对“异托邦场所”的决定性辩护。正如米歇尔·福柯在一次著名的广播演讲中所说：“一般而言，异托邦建立的规则是让多个具有异质性的空间在真实的场所中并置，而这些另类场所通常都是互不兼容的。剧院是一个异托邦的场所，在长方形的舞台上有一系列不同的地方，它们可以前后连续地并置。电影院是一个巨大的长方形礼堂，尽头处有一个大屏幕。大屏幕是一个二维的空间，但是在这个大屏幕上可以打开很多不同的空间，而在这个扁平空间边上紧挨着的又是很多三维的空间。在这里，二维屏幕和我们的经验以及想象在某个特定时刻相互交错融合，在类似电影院和剧院这样的场所里面，不同的空间纠缠在一起，而最古老的一种异主题场所很可能是花园……”。[3] 在中国文化的深层时间里，各式各样的园林构成了异托邦的场所，有栽培的秘密空间，有沉思的空间和许多种类的相遇空间。我们甚至可以说，中国的园林是容纳空间多样性的理想原型。它们构成了一个异托邦。但是，在最近几个世纪发展为大都市的大城市中，当然也存在着无数的壁龛、中间空间和开放空间，如果它们被城市居民占用和激活，也可以呈现出异位空间的特征。

我们今天所讨论的这个概念包含一个关键要素：乌托邦的概念是它不存在于真实场所中，必须停留在想象的领域。而异托邦则是一个物理经验的场所，并且在这个意义上，它是一个耸人听闻的现实。异托邦的场所可以被本地化。结合对物质性的决定性参考，紧张的领域出现在感官—肉体的视界，释放出生活强度、行动的能力，还包括脆弱性，怪异和危机四伏的经验。简而言之，所有这些行动和能量领域，对于艺术经验和想象力，以及审美建构的过程来说都是不可或缺的。

---

3. 引自 Michel Foucault, Les hétérotopies. Radio lecture, France Culture, (1966).

5.2 人和机器的艺术

与上海相比，柏林是一个小城市。20 世纪七八十年代的柏林曾经是最为令人向往的艺术中心，聚集了大批的音乐家、剧场工作者、舞蹈团体、设计师等，在分隔了资本主义的新柏林和社会主义的东柏林的柏林墙的阴影之下，涌现了大量异托邦的驻地、工作室、画廊、工厂、车间、场馆，吸引了来自许多国家杰出而疯狂的艺术家，有一段时间很多人穿越边境来到柏林，柏林墙吸引了很多艺术家和越境者，以及崇尚个人主义和自我探索的年轻人。他们可以在柏林这座城市试验各种稀奇古怪的想法，这在世界上其他地方是办不到的。20 世纪 80 年代的柏林就像是一个巨大的都市实验室，一座经受过重创的城市，与人的存在之轻盈共存。两者的独特混合释放出了巨大的创造性力量。第二个阶段是在 20 世纪 90 年代早期，柏林墙被推倒之后。德国经历了不同的政治和经济系统的更迭，在所有制结构悬而未决的混乱中，在柏林威廉大帝时期的奢靡废墟中，甚至就在刚刚被清理过的荒原上，在这短暂的十年中不断涌现各种令人目眩的艺术思想。尽管它早已丧失了作为一个与本土人民和材料邂逅的热点的神奇吸引力，但这座城市至今仍在利用这些艺术理念。一些企业家不仅活了下来，而且把他们的冒险项目变成了繁荣的经济，比如奶油曲奇餐饮业。20 世纪 90 年代，一位才华横溢的年轻厨师临时占据了废弃房屋的空间，安装了厨房，铺上了白色桌布，做出了美味菜肴。每隔几个月，他就会换一个地方，现在已经是两星级的厨师了。在柏林歌剧院旁边的一个隐蔽的工业空间里，他经营着“奶油曲奇”餐厅，现在是柏林最好的素食餐厅之一。

在人类纪，整个地球已成为某种意义上的艺术品。地球经过不断的人为改造（也就是人工化），我们所欣赏的它的表面不再是纯粹的自然之美，而是人与机器制造出来的美学，这种美学的规则和语法就构筑在我们所说的“临界层”内部。[4] 由人机界面所生成的混合文化，其中最丰富的经验，来自人口过百万的大城市。公路和铁路的真实交通和远程通信网络的虚拟交通日益渗透它们，这不仅加强了大都市内部社会和文化孤岛的形成。这些过程强烈地孤立了城市的主体。为了知道世界上发生了什么，我必须呆在家里摆弄我的网络设备——或者在路上摆弄着保护我隐私的高级技术设备。这一点也越来越适用于工作。数字革命是第一次坐在家里的桌子和通讯设备之前。

在私人领域和公共领域之间的经典区分不再奏效的情况下，我认为艺术与创造性的过程尤其重要。在这样的过程中，媒体和机器的能量被释放出来，营造出社会化的条件和经验。作为一名怀着激情的考古学者，我从过往和当下的深层时空穿梭而过，希望以一种激动人心的方式勾勒出未来空间的诸多可能。

5.3 作为音乐盒和发声共鸣体的城市

工厂的汽笛声在咆哮着，各种引擎吹响了号角，一起来合奏一场音乐会，成千上万的人们在演奏乐曲，尤其是年轻的学生们。那不同凡响的合唱团的乐器将城市变成了一个音乐盒。它们是一些电子的能动主体，在城市的一个院子里有一个原始的建筑物，上面固定着五十个火车头鸣笛和三个汽笛。空中盘旋的飞机、摩托车、汽车、巨大的船只，还有炮台也出动了。指挥家，年轻的作曲家阿尔谢尼 · 阿弗拉莫夫，不得不站到五层楼高的屋顶上，这样他才能被远处的乐手们看到，他挥舞着手中巨大的旗子来指挥这场露天交响乐[5]。

---

4. 参见：Critical Zones. *The Science and Politics of Landing on Earth* (Cambridge/Massachusett, 2020).

5. 关于这次演出的详细介绍参见本书第 162 页。

这是对将近一百年以前发生的一场活动的摘录，地点是阿塞拜疆的首都巴库市，时间在 1922 年。它是历史上最大的一场电子音乐派对，这场疯狂的活动最为显著的一点是城市的功能变成了一个巨大的集合体。不同的社会群体和个体以及各式各样的机器、工具甚至武器在一起合作。

生活在像上海这样的当代大都市，人们可能会认为这样的经历显然只属于过去。我们尝试证明这样的实验依然可以展现巨大的能量、创造力和一种特定的社会性。2017 年，捷克共和国的布尔诺市给我们提供了一个机会来重新演绎阿弗拉莫夫的《塞壬交响曲》。音乐家和声音研究专家因海特和作家安曼，召集了大约 400 名音乐家、歌手、枪炮射手、摩托车爱好者，带来了汽车、机器、真实的火车头引擎，甚至包括当地的冰球粉丝俱乐部，组成了一个庞大的演出团体。而我本人则饰演指挥家阿弗拉莫夫，我们当时极为紧张，担心这些迥异的、时常发生冲突的、能动的主体之间是否能够高度配合，结果令我们感到非常惊讶和不知所措。他们热烈的行动和参与使得整个城市的工业区，在和谐的不和谐中产生共鸣。

邂逅的物质主义是异质的能量和行动者相互碰撞后所产生的结果，它们相互尊重——不会简单停留在一座城市的既定样貌，而能够将都市体验打造出一种感觉，一种不同凡响的生活品质。我深信城市空间有各种潜能和可能性，包括新的艺术形式、城市主义和建筑，只是我们尚未发现，因为它们会在未来发生。

6

城市

强大的时空机器 *

6.1 传播媒介

从媒体思想家的角度来看，我们讨论的对象与密斯·范德罗（Mies van der Rohe）设计的柏林国家美术馆的建筑一样透明：这座城市，以及形式日益丰富的大都市和特大城市，已经成为了巨大的信息机器。移动技术系统的巨大流量，居民和游客的流动，原材料和商品的运输，贸易、节日、音乐会、舞蹈或体育赛事，还有像疫情期间的封锁这种紧急事件的影响——所有这些都是深刻的传播过程，并已经变得越来越复杂。也就是说，他们在数字虚拟和真实物质体验的象征和想象之间摇摆。就传播学而言，可以说客户、建筑师和工程师充当着传播者，城市居民和参观者充当报导者，并且建筑、街道和广场充当物质符号的载体。事实上，人们甚至可以认为大城市本身已经成为了媒介，或者更准确地说：传播媒介。根据柏林国家经济学家沃纳·桑巴特（Werner Sombart）20 世纪初的伟大分析“爱情、奢侈品和资本主义”，我们可以了解到，城市本质上是来自富人以及少数特权阶层的消费。如今，他们是不同社会群体、种族血统和多样化未来愿景的代理人的支点。一个人将自己的生存位置从乡村或小镇改变为大都市，主要不是为了遇见过去，而是为了将自己的存在重新设计成未来的存在。在大多数人看来，大城市代表未来，村庄、城镇和乡村代表过去。

6.2 互动的可能性空间

大都市和特大城市最重要的资产是什么？这个问题的答案是简单的，同时也很复杂：大城市是建立、实现和进一步发展交往的特权场所。他

* 本章根据齐林斯基在 2021 年同济城市传播论坛上的演讲记录整理。本章翻译：丁凡，审校：李麟学。

们是名副其实的接触交流的场地。或者——用技术社会学的术语来表达：它们是产生大量且相对容易获得的相遇选择的机器——至少在可能性方面是如此。大城市是可能性的空间。它们是“时间—空间”实体，使得集中以及快速的信息交换得以发生，进而启动、组织、动态化和优化各种快速决策过程以及社会和文化体验。建筑、城市环境、公园或桥梁与使用者对话，反之亦然。

从信息和媒介的角度来看，大城市本身就是参与者。[1] 他们积极地产生想法、预测、改变和决策。他们是我们未来生活方式的典范。但这也意味着：在引入人工智能的特殊程序成为智慧城市之前，大都市已经实现了智能化。学习程序和机器加速并压缩了这些系统。他们提升了大都市、居民以及参观者之间的互动性。但它们也暗藏着一种倾向，即削弱了现实中的刻意相遇，以及日常生活中幸福时刻的诗意，正是这些诗意使得这座伟大的城市充满迷人的诱惑。如果你真的想在 21 世纪感受孤独，不要搬到乡下的隐居处，你应该搬到大都市的摩天大楼里。

6.3 惊喜的制造者

当通讯机器不断地得到新的信息时，它们的功能发挥得最好。根据控制论的法则，一个复杂的系统只有不断地有新的量化的体验和事件，才能获得动态的发展。这也是大都市时空机器面临的最大挑战。因为信息永久增长的先决条件是感觉、有吸引力的材料、形式和结构的异质性。因此，当城市群被开发和设计为惊喜的制造者时，它们才最具吸引力。在我看来，谢尔盖 · 艾森斯坦（Sergei Eisenstein）的电影理论中的一个术语似乎更适合描述相关的体验质量：景点蒙太奇。或者，用现

1. 在法国人看来，显然，我这里指的是“行动者网络理论”（La théorie de l’acteur-réseau），它由法国的一群社会学家开发，由布鲁诺 · 拉图尔推广。

代混沌理论的一个思维实验：它是关于混合物的组织，其分解总是充满想象的。在我看来，这是对中国艺术家杜震君在他的“巴别世界”（Babel World）系列中所呈现的人工合成的一个正向替代，几年前我们在卡尔斯鲁厄艺术与媒体中心（ZKM）展览了他的作品——作为全球化后果的灾难已经变成了图像（图 6-1）。大都市作为一个可能性空间（Möglichkeitsraum）的机会恰恰在于这一悖论：丰富的多样性（也包括

图 6-1　中国艺术家杜震君创作了一系列令人印象深刻的异质城市拼贴画，名为“巴别世界”。它们曾于 2013 年在卡尔斯鲁厄的艺术和媒体中心（ZKM）展出

语言）可能会产生噩梦，尤其是对那些坚持一神论世界观的人来说，只有一个上帝，一个宗教，一种语言，一个真理。但多样性也为我们提供了梦想未来的可能性，是一个具有多样性和多样性特征的世界体验。在这种肯定生命的姿态投射中，新的智能通讯工具自然也包括在内。它们提供帮助人们进入大城市生活的开放性。

6.4 大事件和卓越的多样性

在进行这些初步的考虑后，得出两种具体的策略，可以作为吸引力去激发时空机器大都市的潜在空间。

第一种策略存在于我们已经非常熟悉的上海、深圳、东京、新加坡或更小、更舒适、更具地方特色的柏林。它是关于促成、创造和发展丰富的横向联系，同时作为多种生活方式、存在观念、审美认同和社会阶层的令人兴奋的碰撞。在大城市，一个人可以体验到最彻底的失败。但在其他任何地方，人们都无法像在城市阶级中那样自主和社交，并且彻底实现自我。

这些暂时像模型一样集中的能量，在大事件中被释放出来，通过这些大事件，大都市进入了全球竞争：贸易展览会、大型会议、国际体育赛事、电影、戏剧或音乐节，尤其是不断增加的艺术双年展。在这些事件中，正如桑巴特一百年前写的，大城市的起源是奢侈和消费，如今得到了验证。在这类重大活动中，东道主，特别是热情好客的中国，将不遗余力地展示自己最好的一面，以便来访者记住这一活动，并把其作为一个可能的更美好世界的典范。

第二种策略与我作为媒介和艺术考古学家的活动密切相关。要付诸实践显然是更加困难的，因为这需要我们放弃已经熟悉的思维方式。例如，那些关于文明不可阻挡和不间断的线性发展的观点。作为一个深刻的时间思想家，从古生物学中，我得出了关于卓越的概念。高级古生物学认为[2]，在远古时期，多样性比现在丰富得多。对待这些现象在美丽外观上的差异性，今天我们却采用的是高水平的标准化的处理手法，特别是在大都市地区。同样的商品在大幅面的电子广告墙上随处可见。无论我们走到哪里，体量巨大的购物中心看起来几乎都一样。他们的过路人的穿着都是由全球时尚界的巨头们打造的。对我而言，这不是一种文化悲观主义的控诉，而是商品、服务和劳动与休闲文化日益普及的结果。

6.5 新旧事物的共生

我们必须更加小心地确保我们文化和审美体验的深层次遗存不会消失，同时能够与新时代进行强有力的交流。在城市环境中系统地发展新旧碰撞意味着产生一种特定的积极的丰富性，这极大地增加了大城市的信息内容。

举一个时尚方面的例子。目前，王汁（Uma Wang）被誉为世界上最有趣的时装设计师之一（图 6-2）。在城市景观中，她的服装是一种反美学现象，这与年轻人穿着运动鞋、T 恤和运动衫的全球标准化服装形成了审美对立。其独特之处在于其将中国服装文化深处的形式、色彩和材料理念与现代制造技术和使用目的结合在一起，使得大城市的文明体验得到升华。

当然，就像时尚一样，建筑也有相应的行动。对我而言，这个例子旨在阐明研究新旧的共生关系是值得的。当然，前提是，在任何可能且有意义的情况下，旧的事物都能得到谨慎和敏感的对待。

另或是非常古老的事物在新事物中被重建。作为我的前瞻性考古学

2. 我这里主要指的是哈佛大学著名生物学家和古生物学家斯蒂芬 · 杰伊 · 古尔德（Stephen Jay Gould，1941—2002）的工作。他的深度时间思维概念对我及媒介考古的思考产生了很大的影响。

图 6-2　Uma Wang 是设计师王汁（Uma Wang）在伦敦注册的同名品牌，创立于 2005 年。她是中国新生代服装设计师中的翘楚，尤擅从事女装针织品的设计开发制作，并在羊绒材质的运用及设计方面极具天赋及实验性

图 6-3　哈伦 · 拉希德（Harun al-Raschid）为查理曼大帝制作的公共场所大型视听时光机器，大约建于 806—807 年的巴格达。这个模型是由工程师加扎利（al-Jazar）于 1205 年仿制后完成的

项目的一部分，我目前正在研究重新激活一个大型自动时钟装置的可能性，用以作为德国的一座大城市的公共活动雕塑。这台自动机是9世纪初在巴格达被发现的，它已经以计算机模拟的形式被重建出来，曾在卡尔斯鲁厄艺术与媒体中心（ZKM）的“安拉的自动机：阿拉伯·伊罕复兴时期的文物（800—1200）”上展出（图6-3）。[3]在中国的远古也有如此巨大的公共空间技术人工制品——例如，在11世纪，中国博学家兼工程师苏颂在河南省开封建造的更为复杂的水运仪象台（图6-4）。在像上海这样的当代城市环境中，见证并体验这项科学与工程的杰作将是一件美妙的事情。

图6-4　中国学者苏颂为公共空间设计的天文钟。核心机械由一个水车（底部中央）驱动，钟塔顶部有一个浑天仪；时间是由窗户后面的数字（左侧）、锣和鼓来进行表示
图片来源：Joseph Needham, Wang Ling and Derek J. Price. Heavenly Clockwork. The Great Astronomical Clocks of Medieval China – A Missing Link in Horological History. London: Cambridge University Press, 1960.

3. 参见同名展览目录：Zielinski, S., Abattouy, M., Weibel, P., Gaines, J., & Gore, S. (2015). Allah's Automata: Artifacts of the Arab-Islamic Renaissance (800-1200): Hatje Cantz.

6.6 时空机器

让我以一件传奇的艺术作品作为结束，我想用它作为思考大都市时空机器的模型。这个例子也来自地球上太阳升起的区域，我们再次变得越来越有针对性。1974 年，韩国艺术家白南准创作了《电视佛》（*TV Buddha*），被誉为 20 世纪媒体艺术的代表作之一（图 6-5）。关于我对大城市的思考，以这部作品作为一部特殊的时间机器是特别有趣的。在白南准的闭路安装中，时间的两个箭头相遇了。一个箭头指向大约几个世纪前的禅宗时代。另一个箭头通过指向显示器中佛陀电子影像的现在，而指向可能的未来。在电子管中不断在时间中再生的影像是脆弱和转瞬即逝的。它同时也是可变的，也就是说，我们总是可以在现在和未来重新创造它。通过椭圆型时空结构，装置提供了一种时间概念，在原则上既神秘又神奇——从宇宙的角度看，时间不是线性的，而是动态的，就像一个没有起点和终点的螺旋。此外，让白南准的变体列表发挥作用——这个动态的数字类似于混沌理论中的吸引子。在该螺旋形的某些特定点上，整个图形向不同的方向倾斜，在其他平面上继续它的时空游戏

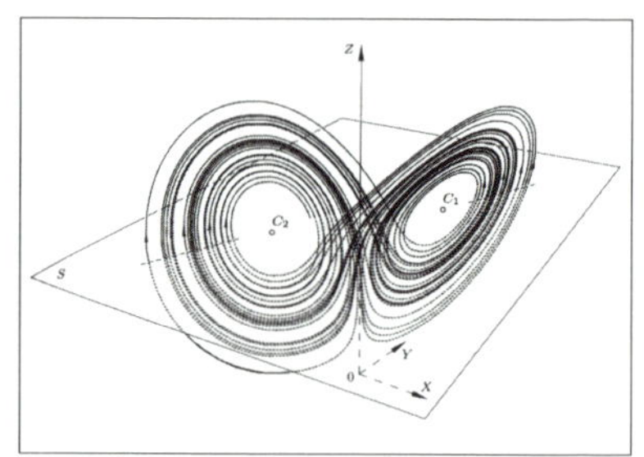

图 6-5　韩国艺术家白南准的媒体艺术作品《电视佛》，1974

图片来源：Siegfried Zielinski, “Future Museums as Surprise Generators”, journal der künste, No. 15 (2021), 32-36.

图 6-6　混沌理论中洛伦茨吸引子（Lorenz attractor）的时空关系图像

（图 6-6）。

这两种时间观的冲突可以理解为现实和未来之间的紧张关系，也可以理解为给定的必然有限的世界和我们定义为未来的无限多样的可能性空间之间的紧张关系，并且我们希望尽可能将其保留为开放的行动领域。过去的大都市主要致力于回顾时间的箭头，是一个由管理、商业、博物馆和档案深层组织的事实的世界。面向未来的城市前瞻性地关注时间机器。正如德国哲学家恩斯特 · 布洛赫（Ernst Bloch）所强调的乌托邦的潜力，这意味着人们已经做好了再次向梦想前进的准备。对未来的投射当然必须彻底穿越现在及其议程、问题、挑战、自由和幸福的合集，并将它们与过去的乌托邦潜力联系起来（图 6-7）。

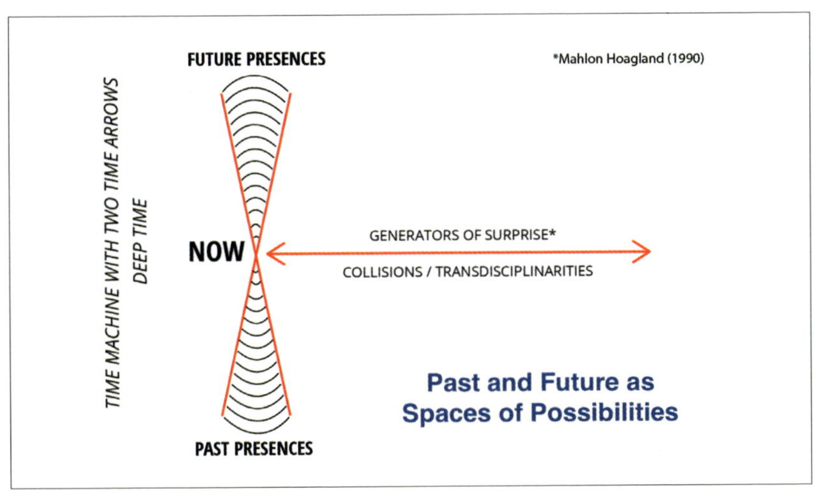

图 6-7　时间机器理论图

进入过去的时间箭头和进入未来的时间箭头在现在相遇，现在没有延展，但有制造惊喜的能力。这种认知模型发挥作用的前提条件是，我们将过去和未来的时间模式都视为潜在的、可能性的空间。

7

在媒体装置之外和之间*

7.1 装置概念的理解

米歇尔·福柯的装置概念已经成为了西方媒体理论的重要支柱之一。它成了对那些被称为世俗大众媒体的权力机构进行批判性分析的核心概念。因为这个概念很难翻译成其他语言，所以我们最好把它保留在法语原文里。

在福柯的观点看来，装置不是一种特定的媒介，某一个技术物理的东西，或一个特定的物质对象。那些更擅长快速思考的媒体研究者们反复将装置错误地理解为某种具体的媒介，包括在那些电影或电视研究和媒体考古学研究中。按照他们的这种观点，机器（machine）、仪器（apparatus）、器具（instrument）、设备（device）和装置（installation）等概念作为术语都被不加区别地运用，几乎已经没有任何区别了。而这些被翻译成英语后，更极大地促成了这一概念的巴比伦式多元性。

但是装置首先是一个观念的东西——当然这也是沃尔特·本雅明（Walter Benjamin）意义上的辩证意象概念。因此，正如福柯所写道的，它代表一种“异质元素组成结构”，代表了某种关系性的、过程性的、组织性的东西。它代表一种结构，或者更确切地说：是一个动态的网络，一个话语间性的语境，抑或用更实践性的术语来说，就是一个过程。作为一个思想概念，装置既包括生物的、技术的、社会的、经济的，也包括文化的、美学的等要素。因此，人们很容易将目前在技术、社会和权力政治方面发展得最为先进的媒体结构，即互联网的霸权变体，视为装置概念的完美实现。

---

* 本章根据齐林斯基在 2022 年中国应用新闻传播论坛上的演讲记录整理，并感谢丁凡老师主持的 2022 年同济大学高端外国专家项目“媒介理论介入下的新闻传播学科建制与改革路径研究”对于该演讲的资助。本章翻译：张艳，审校：李麟学。

但自相矛盾的是，自千禧年伊始，全球性的概念已经明显消失了。万维网不再是全世界通用的格式了。除了西方数据经济体的大型参与者之外，现在还有无数的国家、地区甚至地方参与者都加入其中，他们利用远程信息处理的去中心化网络结构，拒绝屈从于全球性霸权。

对我的论点至关重要的问题在于，“装置概念”是米歇尔·福柯所提出的复杂术语结构中的一个部分，以试图揭示各种程序、战略和战术。通过这些程序、战略和战术，我们文明当中的人类行动者就成为了主体，这个词在拉丁语的字面意义上就是臣服者。因此，装置是一个更倾向于主体面向的范畴。这就是为什么媒介实践和艺术实践如此有趣的原因。作为一个实践的、以行动为导向的概念，装置必须在每一种情况下，都根据各自不同的文化和政治背景、历史星丛（我们在其中都是通过媒介来思考和行动的）来被持续地重新思考和重新构建。

21 世纪初的全球形势的特点是它体现为一种简单而又极具戏剧性的矛盾性。一方面，我们的存在已经被高速地科技化。技术升级已经包括了日常世界的事物、自然，以及我们的思维方式。我们的媒介思想和行动都与机器和程序紧密相连。

另一方面，在人为的自然灾害、战争等情况下，技术人类和技术美学的巨型结构失去了控制，规则体系经常性地去功能化、失效。发达的晚期资本主义，在危机情况下越来越进入到一个谵妄状态，同时却还每天努力保持一个功能性外观——极端的暴力形式。

那么，秩序的概念，比如装置或（新闻）格式，对于批评性媒介分析和实践是否仍然有意义呢？面对一个正在分解成无数微生物的现实（既是直接意义上的，也是隐喻意义上的），它们还适用吗？还是说，我们不需要再学习更多东西，以便谦逊地被与我们不同的人类他者和技术他者所支配？

7.2 我 / 我们

这样的问题把更复杂的主体性问题提上日程，媒介装置与主体性是相互作用的。我对这个问题进行一场思想激发实验，我希望这也能解释清楚我这篇文章的主题。

“我思故我在”——这个（笛卡尔的）欧洲现代性的自我，和其他多元自我一样，都是即将要过期的身份模型了。多元自我是 19 世纪和 20 世纪之交第一批西方先锋派的概念（像沃尔特 · 惠特曼和埃贡 · 席勒这样的作家和艺术家就是这方面的典型代表）。主权自我、自主强大的个体、杰出的个体这些概念仍然在运作，依然发挥着意识形态分形一样的功能，在全球身份的媒体市场上兜售并获利。不过，在 21 世纪初，它们已经不再具有吸引力了。

当前我们正在越来越多地处理合成身份，而不是处理作为福柯主要参照点的那个欧洲现代性主体了。在从无条件的“我”到有条件的“我们”转变的过程中，传统的艺术家或记者主体被系统地分解为个体元素，这些个体元素会在新的集体和合作中不断重新组合，并成为公共行动的异质性组成：比如活动家、公民工作者、艺术家、表演者、创意者、组织者、管理者等。此外，在他们的职业生涯中，每个个体的合成身份又是由不同区域、国家和城市迥异的社会关系所形成的。

对西方身份概念的最大挑战是我所认为的当代中国文化中突出的主体性——也就是被重新激活的无条件的“我们”，从中国的深层时间哲学中我们应该很熟悉这一概念了。关于现在和未来的媒介行动，我问自己，这两个被指明的主体概念之间的联系是不是不可能的——即无条件的“我”和无条件的“我们”？

如果我们把注意力集中在混合的儒家维度上，我们就会得出一个有趣的结论，就像在其他东方哲学传统中一样，我们可以在儒家文献中找到关于这个主题的无私的版本：个体没有被预设为道德上重要的行动者。孔子的“我思”指的是对某件事或某个人而言是可以被随意支配的。因为一旦一个人坚持一个立场的话，强烈的自我就会凝结。提出一个观念，就相当于布设光源，这就已经意味着强迫别人进入阴影了。你说“我”的时候，就不可避免地忽视了对方。这就是孔子解释他对可支配性的呼吁，对世界的基本态度。

如果我们把这种可支配的想法与新媒体技术结合起来，那么新媒体技术不仅是可以高度分散的，而且任何人、任何地方、任何时间都可以自由支配，那么结果就是，我们将迎来一个在媒介、装置和格式之间来采取行动的巨大历史机遇。

7.3 横向性：以让－吕克·戈达尔为例

电影可跨越空间、时间、流派、学科和电影等话语，可以发展出令人兴奋的时间深度，包含过去的存在和未来的存在。让我用电影评论家、电影制作人和电影哲学家让 - 吕克 · 戈达尔（Jean-Luc Godard）的例子来说明这一点，他于 2022 年 9 月 13 日去世，就在我准备本文的时候。他对我思考媒介以及与媒介合作的方式产生了深远的影响。

戈达尔在 1989 年就开始了他以电影的方式对电影史的见证：创作纪录片《电影史》。不同于其他人，这位欧洲电影先锋派之神以一种不妥协和激进的方式在电子视频媒体中展示电影话语是如何在打字机、书架、编辑台、麦克风、相机和计算机之间发展起来的，但最重要的是，电影是如何在不同的感知模式之间发展起来的，比如个人阅读、亲密公共空间中沙龙谈话、公共装置或在公共电影院中的感知等。而《影像之书》（*Le livre d'image*，2018）进一步扩大了选择范围，探讨了互联网上的电影以及电影是如何通过互联网存在的。但是戈达尔真正解构百年电影谱系以及解构自身作品的代表作，毫无疑问就是 1989 年至 1999 年间制作的《电影史》八部曲。

这部非常特殊的电影视频历史是以几种作为“装置—交流”（apparatus-communication）的方式来书写的：作为参与电影过程之中的人，以及与之相关的人的精神装置（mental apparatuses）的交流材料，同时也作为通过装置进行交流的条件（通过弗洛伊德意义上的技术假肢）：换句话说，也就是对在装置和格式之间如何进行横向性思考和行动的召唤。

这是电影作为支配霸权特质的一部分，也就是产生可见物的机器其实通常是不向观众展示的。正如电影制作人兼评论家让 - 路易 · 科莫利（Jean-Louis Comolli）所说，幻觉机制总是隐藏的，保持看不见的状态。这是戈达尔作品中最激动人心的紧张关系之一：他把通常被蒙在鼓里的东西拖进了电子管的照明当中。但是如果没有器械，没有拐杖，没有用于视觉、听觉和记忆的技术假肢，那么这种视觉再现同样也是不可能的。戈达尔用这一张力计算出他的电影产品。在他的电影当中，社会文化模式（那种亲密的、私人的、极端主观的、文学化的……）同电子胶卷的美学结构完全一致。

7.4 结论：我想得出什么结论？

在我对电影和电视所做的媒体考古学和谱系学的思索当中，我希望我没有低估过装置结构的生成性力量。我早期的一些著作，从《录像机的历史》(*The History of the Video Recorder*, 1985) 到《视听》(*Audiovisions*, 1989）实际上都是历史唯物主义倾向的论文，它们都论述了媒体技术、社会、文化和美学等过程相互依赖的方式。但是我也希望我没有过高估计那些强大结构取得的一些成功。正是在使用技术设备和反抗技术设备的辩证性工作当中，在与工程师和管理者们赋予的功能之间的一种生产性张力当中，媒体艺术才开始变得有趣起来，当然也包括新闻艺术（在这一问题上，我和布拉格的媒介哲学家弗卢塞尔见解一致）。通过史诗性的操作，人们可以发现乌托邦的潜力，可能性的开放空间，从美学的角度来看，如果没有它们，任何对媒介的关注都将是无聊和无意义的。

远程信息通信技术已经变得高度离散、无处不在并且可以被自由支配了。这与意识到自己就是更大的社会“我们”当中的一个部分——即可支配的主体——相结合，可以成为一种强大的力量，来解决永久危机的社会现实。在未来，高级新闻将意味着可以在个体之间、不同文化之间、技术和自然的异质世界之间任意移动的、灵活的，因而是可被支配的。在地球目前的状态下，我们再也无法承受任何停滞了。

视听电影多种多样的场所和技术，就像活动声像的个体结构美学和戏剧性一样，发挥着巨大作用。在从电影外现实（extra-filmic reality）的照片、视频或电影记录到投影或在小型显示器上放映的过程中，存在着转换游戏、化妆舞会、介入、研磨、记录和赋魅的无限可能性。对我来说，展开它们意味着让它们可被自由支配，我们应当积极而富有诗意地应对这样一个事实，即我们已经成为自然、生物和技术这个高度复杂的结构中不可或缺的一部分，这个结构不断发生令人惊讶的变化。只是我们作为人类的行动者应该最终学会，在这个结构中比以往更加谦虚地行事。

8

多孔城市

去程序化的巨型城市与景观*

一个城市形体变化如此迅速，

唉！远比一个凡人的心脏跳动更快。

——《天鹅》，选自《恶之花》

波德莱尔，巴黎

8.1 水平与垂直

美国说唱兼嘻哈歌手痞子阿姆 (Eminem) 在自己的个人传记里谈道：“你也许能把孩子从贫民窟里带出来，但你永远无法把‘贫民窟’从孩子身上带出去”。大城市也是如此。现代城市的巨型结构可能在乡村的基础上发展壮大，然而，试图（再次）将特大城市转变回乡村将会是一项艰巨的任务。更重要的是，这种行为也毫无意义。因为在现代文明的发展过程中，大城市的出现有着充分的理由。从字面意义上讲，大城市对乡村而言是令人兴奋且不可缺少的替代品，而且从实际来看大城市的设计初衷却与乡村背道而驰。

增加城市空间和建筑的绿化、将较小动物种群与稀有的植物引入城市、将海绵湿地甚至小型海洋景观作为蓄水池……起初，这一切只不过是给大城市进行生态化的装饰。然而核心问题在于，这些超越人类的自然生物，在我们称之为建筑和城市主义的调查和建造现实的逻辑中仍然是一个异物。

当然，这种二元对立背后的一个原因是时间上的。乡村的生活节奏是由自然及农业生产所决定的，而大都市的节奏本质上都是机械化的。另一个重要原因是地球物理学上的。特大城市基本上是以极快的速度垂直

* 本章根据齐林斯基在 2022 年同济城市传播论坛上的演讲记录整理，并感谢丁凡老师主持的 2022 年同济大学高端外国专家项目“媒介理论介入下的新闻传播学科建制与改革路径研究”对于该演讲的资助。本章翻译：黄枳菲、李肖霖、陈佳莹、喻蒙，审校：李麟学。

组织，而乡村则是长期渐进且不受阻碍地横向发展。法国纪录片制片人克里斯·马克（Chris Marker）在他的散文电影《没有太阳》（*Sans Soleil*, 1983）中，以几内亚比绍和日本东京为例，颇有诗意地阐释了这种对比，这也是一个确凿的事实：西非国家的人口密度为每平方公里 67 人；相比之下，在东京，在同一面积的人口密度为每平方公里 15351 人。从地球物理学的角度来看，也可以这样解释：将乡村嵌入大城市意味着从原则上促使垂直化变得水平化，从而让非人性化的过度追求高度的城市变得更为宜居。

人类最初是水平生活的动物。在漫长的文明进程里，他将双手从行走和攀爬中解放出来，挺起胸膛，实现了直立行走。现在他可以自上而下地俯视地球，只为能更好地控制它。他征服了这个星球——虽然在目前看来也付出了很大的代价。这个星球已经被彻底地开发和利用，被压缩到如此地步，以至于人类已摧毁了其水平化组织的生命基础。

无论是建筑师还是城市规划师，知识分子还是艺术家，媒介思想家还是媒介制作人，很多人的工作都可以归结为试图组织并实现对这个垂直与水平关系的动态调整。

这种动态调整可以包含在越来越多的生活空间中进行的工作，这些生活空间中自然与技术、建筑实体和多元化的居民互相影响，共同创造出巨大的合奏（ensemble）。因此，在未来，建筑师和城市规划师也将成为“作曲家”和“指挥家”，他们将以合奏的方式，使得新的生活空间变得很和谐，这可能会成为一种理想的状态，也是未来生活空间的一种平衡。最近在我和丹尼尔·里伯斯金（Daniel Libeskind）的一次对话中就强调了建筑是一种声学艺术，我们的平衡感并不在眼睛，而在耳朵。

8.2 去程序化

自 20 世纪下半叶以来，明确的指令被刻在机械化大城市的程序中：更快、更高、更高效；并不断增加集合和积累，不计成本地提高产量和生产率。

作为技术、经济、文化互动连接的产物，大城市已经成为那些日常生活高度程序化的人类的首选居住地。在这种情况下，艺术家——尤其是作为艺术家的建筑师和城市规划师——最首要的任务是对那些已经被合理化的高密度大城市进行去程序化。然而，这并不意味着排除先进技术和人工智能（artificial extelligence）。我们在未来需要的学习机器（learning machines）是那些可以自己轰隆隆作响运行、从不停歇、会有各种状态的机器。总结为一句话：（我们未来需要的）机器是与其作为机械人工制品的身份相反的有生命的机器。

这种去程序化的目的是将特大城市和大都市转变为多孔的体验空间，这些空间能够敏锐的感知周围发生的变化，尤其是在它们的经验性空间内发生的变化。它们可以觉察到（我们需要重新解读的）方向和强度迅速变化的风，巨大而突然的极端降雨，具有攻击性、长时间的高温以及各种病毒的入侵和围困。大城市的高密度是它们迅速传播的理想温床。但多孔性也将包括因经济政治或气候原因而涌入城市移民的意外途径和暂时停留。在过去的几个月里[1]，由于俄乌冲突，又有 10 万人不得不来到原本只有 380 万人口的柏林。

1. 指 2022 年中期。

8.3 罗莎·芭尔芭和她的非结构性空间

20 多年来，来自西西里岛的柏林艺术家罗莎·芭尔芭[2]（Rosa Barba）一直在探索她所谓的非结构性空间。她的放映机——通常是 35mm 格式的重型设备——用长长的胶片环在世界各地博物馆的白色立方空间中纵横交错，进入与其他放映机的对话，有时甚至看上去与它们共舞；有时它们实际上是在横冲直撞，用最多样化的投影屏幕（用非常不同的格式和材料）在电影的既定空间内不断创造新的异质性场所。

芭尔芭于 2013 年创造了一个开放的放映界面，公共空间的雕塑、装置、建筑和电影之间的界限变得模糊甚至无关紧要，它们已经变得多孔。它也由此成为艺术项目的互动场所，以及作为未来的可能性空间。

到目前为止，罗莎·芭尔芭迷人的非结构主义电影的巅峰是她在 2021—2022 年为柏林新国家艺术画廊（Neue National Galerie）重新开放而举办的展览，为此她获得了路德维希·密斯·凡德罗（Ludwig Mies Van der Rohe）设计的该建筑的巨大无窗地下室的使用权。在作品《永恒的现在》（*A Perpetual Now*）中，她以一种令人叹为观止的方式将时间和空间交错在一起，至少在参观装置的过程中，使路过的观众和听众产生一种开罗诗意的感觉，这种感觉类似于我们作为路人（passerbies）或者漫游者（flaneurs）在电影院和大城市中的最佳探访和体验。我们想尽可能长时间地停留在这个展览创造的当下。

8.4 理想的界面

所谓的数字革命是第一次没有付出汗水和鲜血的革命。最重要的是，

2. 20 多年前她曾和我一起在科隆媒体艺术学院学习。

它被低估了。数字人（homo digitalis）可以垂直站立、坐立并水平地在键盘、平板电脑和灵敏表面（sensitive surface）工作。中国策展人张子康在 2022 年威尼斯双年展通过中国馆中的作品“元境”（Meta-Scape）描述了新媒介技术的影响：对超大城市而言，在 20 世纪的最后几十年和 21 世纪的头十年里，数字人与生活和工作条件上的“去人性化”相伴而生。

创新者该站起来行动了。去程序化有可能成为对抗去人性化的有效手段。这首先是在界面部分的工作。在柔软与坚硬之间，在乡村与城市建筑之间——或者，如哲学家德勒兹和加塔利总结的二分法那样，在平滑空间（smooth spaces）和条纹空间（notched spaces）之间，超大城市有丰富的界面：有墙壁和楼房外立面的垂直式界面，也有各种街道、小径和广场等水平式界面。使这些界面更具可渗透性和多孔性是很重要的[3]。我们的激进目标是彻底改变它们，使我们不再能够辨认出它们作为分离和排斥物质的旧身份。

这同样适用于乡村地区，这些地区也是由人类塑造或创造的景观，我们只有在灾难性的情况下才会完全失去人性。柏林艺术家朱利叶斯·冯·俾斯麦（Julius von Bismarck）[4]在接受采访时说：“对于当下和未来而言，重新理解风景并以不同的方式看待它们是很重要的，而不是仅仅停留于我们所了解的内容上。”他以极大的激进主义和紧迫性致

3. 城市语境中指代渗透过程的多孔性的概念是由瓦尔特·本雅明和阿斯雅·拉西斯（Asja Lacis）创造的，他们在 1925 年共同撰写了思维图像之作《那不勒斯》（“Neapel”）：“人们在所有事物中都保留了回旋的余地，这使得人们能够让一系列事物组成未曾设想的组合。人们回避权威和确定。没有一种情况被视为永恒，也没有一个人能断言事物的‘非此即彼’”。哲学家恩斯特·布洛赫在他的《意大利和多孔》（“Italy and Porosity”）一文中也写到了这一点。他观察到“密切和遥远概念的淡化，年龄和时代、阶级和神话故事的混乱或融合。无论是在建筑、生活、戏剧、语言中，还是在人际关系或交通中：无论何时何地“差异最大的领域之间都相互渗透”。由此，那不勒斯给人们上了一堂“多孔性的实物课”（object lesson in porosity）。

4. 他曾和我一起在柏林艺术大学学习。

力于景观形象的更新，这与浪漫的景观观念不再有任何关系。俾斯麦的风景形象由燃烧的森林、被驯服的闪电、被压入二维图像的植物和动物组成，飓风是我们必须学会在其中移动的正常状态：倾听风和天气的惊喜，准备好快速转身，就像乱战中的飞行员一样，灵活且随意高飞。城市与风景相得益彰，而不是相反。

对于我这样的媒介考古学家而言，希腊自然哲学家恩培多克勒斯（Empedocles）在2500年前就提出了理想的界面。我敢肯定，中国的传统哲学中对于深层时间的认知，也存在类似的结构。恩培多克勒斯将感官知觉理解为从外到内和从内到外的双向流动。唯物主义的自然哲学家德谟克利特（Democritus）、伊壁鸠鲁（Epicurus）和卢克莱修（Lucretius）进一步发展了这些思想，并将它们与最小的粒子（即原子）流动的思想联系起来。原子在拟像（simulacra）中相遇，形成知觉的细丝结构。根据恩培多克勒斯的说法，人、动物、大地、植物、石头或海流都在源源不断地流出来，在他们相互兼容的情况下，他们相遇形成了一个成功的感知事件。为了使这一事件成功被感知，所有的无机物和有机物都在它们的外部极限处配备了最细的孔隙，那就是它们的皮，它们的界面。

因此，感知事件可以构想为感觉的相互投射。激情在痛苦和酷爱的双重含义之中，或由爱的力量积极地连接在一起，或被仇恨的破坏力所区隔。这也包含了双重观察者的想法，这个角色是遇到混乱时迫切需要的：外部观察者的感觉通过边界（多孔的皮肤）进行通信，而内部的观察者从身体中发现流动并组织它。

这可能是未来乡村与大都市或超大城市之间关系的一个映像。诚然，这是一个乌托邦。但是如果没有乌托邦式的可能性，我们的生活是没有意义的。

本书受到中共上海市委宣传部和同济大学“部校共建暨院媒合作”项目的支持。
本书受到同济大学高端外国专家项目“媒介理论介入下的新闻传播学科建制与改革路径研究——来自媒介考古学的经验”的支持。

图书在版编目（CIP）数据

在时空机器中旅行 ：面向未来的媒介考古 /（德）西格弗里德 · 齐林斯基著 ；丁凡等编译 . -- 上海 ：同济大学出版社，2023.8

（“全球视野下的当代媒介理论”系列丛书 / 李麟学，王鑫，丁凡主编）

ISBN 978-7-5765-0495-8

Ⅰ. ①在… Ⅱ. ①西… ②丁… Ⅲ. ①传播媒介－研究 Ⅳ. ① G206.2

中国版本图书馆 CIP 数据核字 (2022) 第 225032 号

在时空机器中旅行：面向未来的媒介考古

[德] 西格弗里德 · 齐林斯基 著，丁凡 李麟学 钱玲燕 编译

责任编辑：袁佳麟 | **责任校对：徐逢乔** | **装帧设计：完颖**

出版发行：同济大学出版社 www.tongjipress.com.cn
（地址：上海市四平路 1239 号 邮编：200092 电话：021-65985622）
经　　销：全国各地新华书店、建筑书店、网络书店
印　　刷：上海安枫印务有限公司
开　　本：889mm×1194mm 1/32
印　　张：6.5
字　　数：175 000
版　　次：2023 年 8 月第 1 版
印　　次：2023 年 8 月第 1 次印刷
书　　号：ISBN 978-7-5765-0495-8
定　　价：78.00 元